重庆"走出去"战略与金砖国家研究协同创新中心论丛

经济视角下的
中国与巴西关系研究

Sino-Brazilian Relations: An Economic Perspective

谌华侨◎著

时事出版社

图书在版编目（CIP）数据

经济视角下的中国与巴西关系研究/谌华侨著. —北京：时事出版社, 2017.5
ISBN 978-7-5195-0108-2

Ⅰ.①经… Ⅱ.①谌… Ⅲ.①中外关系—研究—巴西 Ⅳ.①D822.377.7

中国版本图书馆 CIP 数据核字（2017）第 081859 号

出 版 发 行：时事出版社
地　　　址：北京市海淀区万寿寺甲 2 号
邮　　　编：100081
发 行 热 线：(010) 88547590　88547591
读者服务部：(010) 88547595
传　　　真：(010) 88547592
电 子 邮 箱：shishichubanshe@sina.com
网　　　址：www.shishishe.com
印　　　刷：北京市昌平百善印刷厂

开本：787×1092　1/16　印张：15　字数：210 千字
2017 年 5 月第 1 版　2017 年 5 月第 1 次印刷
定价：96.00 元
（如有印装质量问题，请与本社发行部联系调换）

总 序

  2009年，四川外国语大学国际关系学院正式成立。在服务国家战略和地方经济社会发展的背景下，学院以国际问题研究所为依托，围绕重庆对外交往与金砖国家内政外交开展了系列研究，主要包括重庆面向拉美"走出去"的风险、重庆与英国关系、重庆与金砖国家经贸投资、金砖国家相互定位、金砖国家与全球治理、金砖国家人文交流机制等，并在此基础上分别成立了城市外交研究中心与金砖国家研究院。2013年，四川外国语大学成功申报并获批重庆"走出去"战略与金砖国家研究协同创新中心（省级）。本论丛即是该协同创新中心主要研究成果的集中体现。

  重庆"走出去"战略与金砖国家研究协同创新中心论丛致力于发布与重庆实施"走出去"战略以及金砖国家内政外交相关的研究成果，具体包括《墨西哥中央——地方权力关系研究：发展路径与动因机制》《韩国政治转型中的政党政治研究》《当前金砖国家研究的若干问题》《金砖国家与全球治理》《经济视角下的中国与巴西关系研究》

《中国与巴西关系：发展与聚焦》《重庆地方政府国际合作能力和机制建设研究》《中国"走出去"战略背景下的金砖国家非传统安全问题研究》《金砖国家智库研究》和《全球化时代金砖国家领事保护研究》等著作。我们希望本论丛对进一步推动重庆"走出去"战略研究与金砖国家研究以及二者之间相互关系问题的研究有所帮助，从而为重庆打造内陆开放高地和中央深化金砖国家合作提供政策建议和智力支持。

参与本论丛撰写的作者大都来自四川外国语大学国际关系学院。该团队最大的特点是年轻而富有朝气，奋发进取，积极关注国际关系研究领域的热点问题。近年来，他们结合自身专业方向与研究领域，在重庆对外交往和金砖国家研究方面进行了有益的尝试。或许这些年轻学者在研究功力上仍有待进一步提升，他们的研究成果也存在这样那样的局限，但我们相信，本论丛的出版对他们来说是激励和鞭策，同时我们也相信，他们能够以此为基础，在相关研究领域和议题上取得更多更具有影响力的成果。

感谢学校领导对论丛出版的大力支持，感谢协同创新中心参与单位对论丛编写的鼎力帮助，感谢时事出版社领导特别是编辑部的谢琳主任及其团队对论丛设计、编辑、出版等事务的全力付出。同时，还要感谢四川外国语大学国际关系学院的其他老师和同学们在文献收集和整理以及英文翻译等过程中发挥的重要作用。本论丛得以正式出版是大家共同努力的结果。我们一定不负众望，全力以赴为重庆"走出去"战略研究和金砖国家研究贡献自己的思想与行动。

肖 肃

2017年4月26日于四川外国语大学

目录

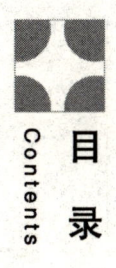

绪 论 … 1
第一节 问题的提出 … 1
第二节 研究的意义 … 2
第三节 当前研究的成就与不足 … 4
第四节 研究的方法 … 9

第一章 既往对外政策研究理论模式回溯 … 11
第一节 国内结构层次的对外政策研究 … 13
　一、抽象国家方面的对外政策研究 … 14
　二、国家内在属性方面的对外政策研究 … 18
第二节 个人层面的对外政策研究 … 23
　一、行为准则 … 26

二、认知图 …………………………………………………… 27

　　三、意象理论 ………………………………………………… 28

第三节　既往研究的不足 ……………………………………… 30

　　一、线性解析路径 …………………………………………… 30

　　二、单一剖析主体 …………………………………………… 31

　　三、静态分析模式 …………………………………………… 32

　　四、政治研究内容 …………………………………………… 33

　　五、美国特性理论 …………………………………………… 34

第二章　双边贸易关系之分析框架 ……………………………… 36

第一节　基本概念 ……………………………………………… 36

　　一、发展战略 ………………………………………………… 36

　　二、对外贸易政策 …………………………………………… 42

　　三、对外战略 ………………………………………………… 46

第二节　双边贸易关系之分析框架 …………………………… 50

　　一、双边贸易关系之静态分析框架 ………………………… 50

　　二、双边贸易关系之动态分析框架 ………………………… 57

第三章　中巴贸易关系停滞时期：新中国成立到 60 年代中期 ……………………………………………………………… 60

第一节　中国极端的进口替代发展战略与坚定内向型贸易政策（1949—1965 年）……………………………… 61

　　一、极端的进口替代发展战略 ……………………………… 61

　　二、坚定内向型贸易政策 …………………………………… 64

第二节 巴西进口替代发展战略与一般内向型贸易政策

　　（1949—1963 年） ·· 69

　　一、进口替代发展战略 ·· 69

　　二、一般内向型贸易政策 ··· 72

第三节 中国"一边倒"、"两面开弓"与巴西追随美国 ········· 77

　　一、"一边倒"、"两面开弓" ···································· 78

　　二、追随美国 ·· 81

第四节 中巴封闭发展、彼此疏远与双边贸易停滞 ············· 84

　　一、内向型发展战略 ·· 84

　　二、相互疏远的对外战略 ·· 86

　　三、中巴贸易关系停滞 ··· 88

第四章　中巴贸易关系起步时期：60 年代中期到 80 年代初 ······ 93

第一节 中国自给自足倾向的进口替代发展战略与坚定

　　内向型贸易政策（1966—1978 年） ·························· 94

　　一、自给自足倾向的进口替代发展战略 ····················· 94

　　二、坚定内向型贸易政策 ·· 96

第二节 巴西兼有出口的进口替代发展战略与一般外向

　　型贸易政策（1964—1980 年） ······························· 100

　　一、兼有出口的进口替代发展战略 ·························· 100

　　二、一般外向型贸易政策 ······································ 103

第三节 中国的"一条线"与巴西的多元外交 ··················· 111

　　一、"一条线"战略 ·· 111

　　二、多元外交 ·· 114

第四节 中巴封闭发展、相互关注与双边贸易关系起步 ⋯⋯⋯⋯ 117
　一、内向型发展战略 ⋯⋯⋯⋯⋯⋯⋯⋯⋯⋯⋯⋯⋯⋯⋯⋯⋯ 117
　二、互相关注的对外战略 ⋯⋯⋯⋯⋯⋯⋯⋯⋯⋯⋯⋯⋯⋯⋯ 118
　三、中巴贸易关系起步 ⋯⋯⋯⋯⋯⋯⋯⋯⋯⋯⋯⋯⋯⋯⋯⋯ 122

第五章　中巴贸易关系发展时期：80年代初到90年代中后期 ⋯⋯⋯⋯⋯⋯⋯⋯⋯⋯⋯⋯⋯⋯⋯⋯⋯⋯⋯⋯⋯⋯ 126

第一节　中国保护性出口促进发展战略与一般外向型贸易政策（1979—1996年）⋯⋯⋯⋯⋯⋯⋯⋯⋯⋯⋯⋯ 127
　一、保护性出口促进发展战略 ⋯⋯⋯⋯⋯⋯⋯⋯⋯⋯⋯⋯⋯ 127
　二、一般外向型贸易政策 ⋯⋯⋯⋯⋯⋯⋯⋯⋯⋯⋯⋯⋯⋯⋯ 128
第二节　巴西保护性出口促进发展战略与一般外向型贸易政策（1981—1995年）⋯⋯⋯⋯⋯⋯⋯⋯⋯⋯⋯⋯ 135
　一、保护性出口促进发展战略 ⋯⋯⋯⋯⋯⋯⋯⋯⋯⋯⋯⋯⋯ 135
　二、一般外向型贸易政策 ⋯⋯⋯⋯⋯⋯⋯⋯⋯⋯⋯⋯⋯⋯⋯ 137
第三节　中国的不结盟与巴西的自主外交 ⋯⋯⋯⋯⋯⋯⋯⋯⋯ 144
　一、不结盟战略 ⋯⋯⋯⋯⋯⋯⋯⋯⋯⋯⋯⋯⋯⋯⋯⋯⋯⋯⋯ 144
　二、自主外交 ⋯⋯⋯⋯⋯⋯⋯⋯⋯⋯⋯⋯⋯⋯⋯⋯⋯⋯⋯⋯ 146
第四节　中巴外向发展、互相重视与双边贸易关系发展 ⋯⋯⋯ 148
　一、外向型发展战略 ⋯⋯⋯⋯⋯⋯⋯⋯⋯⋯⋯⋯⋯⋯⋯⋯⋯ 148
　二、互相重视的对外战略 ⋯⋯⋯⋯⋯⋯⋯⋯⋯⋯⋯⋯⋯⋯⋯ 150
　三、中巴贸易关系发展 ⋯⋯⋯⋯⋯⋯⋯⋯⋯⋯⋯⋯⋯⋯⋯⋯ 152

第六章　中巴贸易关系跨越时期：90年代中后期以来 ⋯⋯⋯⋯ 157

第一节　中国侧重出口的保护性出口促进发展战略与一般

　　　　外向型贸易政策（1997—2012 年）……………………… 158
　　　　一、侧重出口的保护性出口促进发展战略………………… 158
　　　　二、一般外向型贸易政策…………………………………… 161
　　第二节　巴西侧重出口的保护性出口促进发展战略与一般
　　　　外向型贸易政策（1995—2011 年）……………………… 166
　　　　一、侧重出口的保护性出口促进发展战略………………… 166
　　　　二、一般外向型贸易政策…………………………………… 168
　　第三节　中国的和平发展与巴西的大国外交……………………… 175
　　　　一、和平发展………………………………………………… 175
　　　　二、大国外交………………………………………………… 178
　　第四节　中巴外向发展、高度关切与双边贸易关系跨越………… 180
　　　　一、外向型发展战略………………………………………… 180
　　　　二、高度关注的对外战略…………………………………… 183
　　　　三、中巴贸易关系跨越……………………………………… 186

结　论 …………………………………………………………………… 192
　　第一节　结论………………………………………………………… 192
　　第二节　有待研究的问题…………………………………………… 195

参考文献 ………………………………………………………………… 198

中巴关系大事记 ………………………………………………………… 221

绪　论

◆ 第一节　问题的提出 ◆

最近十几年来，中国和巴西经济保持持续快速的增长，双方贸易关系发展迅速，成为南南贸易合作的典范。然而，回顾新中国成立以来的中巴贸易关系历史，在很长一段时期内，中巴贸易关系抑或停滞不前，抑或发展缓慢，只是在最近十几年才发展较为迅速，呈现出历史最好的发展态势，从中不难看出，中巴贸易关系并非一开始就处于较高的发展水平。因此，本书基于中巴贸易关系不同阶段的发展状况，提出这样一个重要问题：为何新中国成立以后很长一段时间内中巴贸易关系缓步不前，而在最近十几年发展迅速？如果将这个问题分解，即是什么因素阻碍了1949年以后中巴经贸关系的发展？又是什么因素促进了最近十几年以来中巴贸易关系的发展？对上述问题的回答和解释构成了本书的核心研究内容。

工业化作为广大发展中国家实现国民经济发展的重要途径，在很大程度上能够体现出一个国家的整体经济发展水平。发展战略作为未来某一时期内，国家为了发展经济而实施的一系列路线、方针和政策，是既定时期内国民经济发展的战略性谋划，从根本上决定了一个国家的经济发展进度和水平，进而决定了本国对外贸易总体水平及其相关政策大致方向。

中国和巴西同为第三世界中的大国，从经济发展进程上来看，长久以来两国同属农业国家，共同面临着推进工业化发展、振兴民族经济的历史重任。随着工业化历程不断向前推进，两国采取了不同的发展战略，促使两国经济朝着不同的方向发展，从根本上决定了各自的对外贸易水平和政策走向。

本书尝试从中国和巴西工业化进程中寻找解决问题的答案：为何1949年以后很长一段时间内，中巴贸易关系缓步不前，而在最近十几年发展迅速？按照学科分类的一般标准，从工业化角度来研究贸易政策理应是经济学的研究范围，而且既有中巴贸易关系研究大多也是在经济学的不同领域展开。但是，本书并非从事纯粹的经济学研究，未运用经济学的分析工具来解释经贸问题，而是遵从外交政策分析传统，搭建起双边分析框架，运用国际政治学的分析工具来解释贸易问题，因而所从事的工作属于国际政治经济学范畴。

◆ 第二节　研究的意义 ◆

一般而言，一项研究的意义体现在理论建构和实践指导上。

就理论意义而言，通过中巴贸易关系这一个案研究可反思和完善当下国际关系理论中的双边关系研究成果。具体表现在以下三个方面：第一，双边关系本应是国际关系理论研究的重要内容之一，但是已有的研究主要侧重于对特定国家的对外政策或者两个具体国家之间特定问题的研究，前者遵循国内—对外政策的解释框架，后者尚未提炼出解释双边关系的一般性理论框架，进而言之，国际关系研究本就缺乏一种双边关系的解释框架。本书尝试从发展战略角度来研究中巴贸易关系，力图发展出一种双边贸易关系的解释框架，充实双边关系的理论化成果，为相关研究积累学术资料。第二，既有的对外政策分析主要关注国内政治因素对一国对外政策的影响，忽视了国内经济因素在对外政策中的应有作用。本书以问题为导向，立足于中国和巴西经济发展的实际，从工业化的宏大视角出发，选取发展战略作为解释变量来研究双边经贸关系，力图丰富传统对外政策研究的内容。第三，传统对外政策分析较多研究既定的国内政治因素对特定历史时期对外政策的影响，是一种单一的因果解释逻辑，属于静态的研究，较少呈现对外政策的发展变化。本书通过分析60多年来的发展战略来研究中巴贸易关系，抓住了两国在工业化进程中的动态特征。研究设计从工业化不同发展阶段来认识对外贸易政策走向，有助于从宏观上把握工业化发展进程对中巴经贸关系的影响，提升对中巴经贸关系发展历程的全面认识。

就现实意义而言，研究中巴贸易关系有助于中国有序发展与包括巴西在内的拉丁美洲国家之间的经贸关系、与发展中国家间的经贸关系，甚至对发展中国家之间的贸易关系都具有重要的借鉴意义。首先，拉丁美洲地区国家较多，经济发展呈现出相似性。剖析中国与巴西的贸易关系，对分析中国与拉美其他国家之间的经贸关系具有较强的参考价值，中巴贸易关系相对于中拉贸易关系具有可移植性。其次，包括中国和巴西在内的广大发展中国家，都面临着通过工业化发展民族经济的历史使命，发展战略对发展中国家的对外贸易关系具有普遍影响。中巴贸易关系因为各自发展战略而出现阶段性变化，因此中国与其他发展中国家间的贸易关系也很有可能因采取有差异的发展战略而呈现阶段性演进特征。从这个意义上来说，本书的研究结论对于发展中国家之间的贸易关系也能提供可资借鉴的经验，从而使得本研究上升到更为宏大的范围，具有更大的应用价值。

◆ 第三节 当前研究的成就与不足 ◆

中国和巴西同为发展中国家，在亚洲、拉丁美洲，以及第三世界乃至世界范围内发挥着越来越重要的作用。中巴贸易关系发展具有重要的区域和世界蕴涵，引发了学术界的密切关注，国内外诸多学者从不同领域、多个角度对中巴贸易关系进行了广泛研究。概括已有的学术研究成果，大致可以将其分为以下几个方面：

第一，中拉关系研究中的中巴贸易关系。

中拉关系主要是国际政治学者关注的内容，中拉关系研究侧重于中拉关系历史和中拉贸易关系这两个方面，且两个方面都论及到中巴贸易问题。在中拉关系历史研究的文献中，一般分析中国与拉丁美洲国家间的政治、经济、文化关系发展历程，研究的目的是为了厘清中国与拉美国家关系发展的宏观脉络，找出其发展演变规律，从中吸取经验和教训。中巴贸易关系隶属于中拉整体关系中的经济关系,其研究遵循史学方法,对中巴贸易关系的史实描述多于形成原因的深入分析。中拉贸易关系主要涉及到中国与墨西哥、巴西、阿根廷、智利和秘鲁等国的贸易关系,重点分析改革开放尤其是近十几年来,中国与这些拉美主要经济体的贸易关系。这类研究侧重于研究贸易逆差、贸易结构和反倾销等具体经贸问题,主要是采用经济学的定量研究方法,探究中巴贸易关系的形成原因及其应对措施。[①]

第二,中巴关系历史中的中巴贸易关系。

从事世界历史、国际政治、国际贸易研究的学者从国别历史、双边关系历史以及对外贸易历史几方面对中巴关系展开研究,中巴双边关系发展历史与中国和巴西的对外战略变化是这类研究的重点。学者们对新中国成立以来的中巴关系历史,尤其是近十几年来的中巴关系历史最为感兴趣。有关研究是将中巴贸易关系置于中巴双边关系的宏大历史背景中,贸易关系只是分析双边关系历程的内容之一。在中国与巴西的对外战略研究中,学者们较为关注两国近十几年来的战略调整,主要从两国最近的对外战略变化来研究双边关系的发展。中巴贸易关系只是双边关系中与政治

---

① 该类研究代表性文献为沙丁著:《中国和拉丁美洲关系简史》,河南人民出版社1986年版;李明德主编:《拉丁美洲和中拉关系——现在与未来》,时事出版社2001年版;Frank O. Mora, "Sino-Latin American Relations Sources and Consequences, 1977–1997", *Journal of Interamerican Studies & World Affairs*, Vol. 41, No. 2, Summer, 1999. Frank O. Mora, "The People's Republic of China and Latin America: From Indifference to Engagement", *Asian Affairs*, Vol. 24, No. 1, Spring, 1997. Kerry Dumbaugh, Mark P. Sullivan, "China's Growing Interest in Latin America", CRS Report for Congress Order Code RS22119, April 20, 2005.

关系、科技关系、文化关系相对应的一部分。相关研究成果都是采用定性研究方法，从整体上研判中巴关系的发展趋势，提出发展中巴贸易关系的对策。①

第三，新兴经济体研究中的中巴贸易关系。

新兴经济体是近年来国际、国内学术界研究的热点问题之一，经济学家是这方面的主要研究力量。已有的研究将近十几年来快速发展的多个新兴经济体共同作为研究对象，分析新兴经济体的经济发展历程、经济运行规律、对外直接投资、对外贸易、对现行国际经济体制的挑战、对后危机时代世界经济发展的意义，以及与这些内容相伴随的其他贸易问题。中巴贸易关系只是新兴经济体交互性经济关系和众多经济问题中的一种或一个方面。普遍采用数理模型，运用科学定量的方法来分析问题，通过翔实的数据来论证作者的观点是这类研究最鲜明的特色。虽然中巴贸易关系的诸多方面都受到关注，进行了深入探究，但既有成果都是从经济学角度予以展开的。②

第四，经济学视野中的中巴贸易关系研究。

这方面研究聚焦于冷战以后，特别是21世纪以来的中巴贸易关

---

① 该类研究代表性文献为［巴西］雅尼斯、伊利克主编，张宝宇等译：《巴西与中国：世界秩序变动中的双边关系》，世界知识出版社2001年版。专题讨论："世界新格局下的中国巴西战略伙伴关系"，《拉丁美洲研究》2009年第5期；张凡："发展中国家国际战略初探：巴西个案"，《拉丁美洲研究》2007年第1期。

② 该类研究代表性文献为 Subhash C. Jain ed., Emerging Economies and the Transformation of International Business: Brazil, Russia, India and China (BRIC), Edward Elgar Publishing Ltd., 2006. Novella Bottini ed., Globalization and Emerging Economies: Brazil, Russia, India, Indonesia, China and South Africa, OECD, 2009. Luiz de Mello ed., Growth and Sustainability in Brazil, China, India, Indonesia and South Africa, OECD, 2010。

系发展状况。这类研究内容较为全面，既分析中巴贸易关系发展所带来的成绩，也客观剖析了其中存在的反倾销、贸易逆差、贸易结构不合理等竞争性问题，能够较为全面地认识中巴贸易关系的全貌。在分析层次上，有从宏观上分析两国对外贸易战略、产业结构、双边贸易关系发展历程、中国经济增长对巴西对外贸易的影响等；也有从产业部门，如家电、煤炭、钢铁、汽车等来分析中巴贸易关系发展的动力和所面临的挑战；还有从企业层面，分析中国与巴西企业在对外投资和国际化过程中出现的合作。总而言之，这部分内容长于对短期具体问题的深入研究，短于对全局性问题的战略思考。既往研究以经济学一贯有之的数量分析见长，通过大量的数字、图表来佐证观点。运用经济学的相关理论来解释中巴贸易关系的发展变化是这类研究的主要特征。[①]

上述研究内容广泛，成果颇丰，为后续研究提供了充实的学术资源，是本书研究的重要基础。但深入分析之后可以发现，这些研究仍然存在着以下几点不足：

其一，经济学分析居多，国际政治学解读偏少。

经济学是分析中巴贸易关系的主要学术渊源，这是由研究问题的性质决定的。既往中巴贸易关系研究的主要内容是贸易问题，经

---

① 该类研究代表性文献为 Arindam Banik and Pradip K. Bhaumik, *Foreign Capital Inflows to the Caribbean, China and India: Trends, Assessments and Determinants*, Palgrave Macmillan, 2006. Renato Baumann, "Some Recent Features of Brazil-China Economic Relations", *CEPAL*, April 2009, Renato Amorim, "The New Axis of Trade: A Brief Assessment of Sino-Brazilian Economic Relations since 2000", *FOCAL*, 2006. Marcos Tadeu Caputi Lélis, André Moreira Cunha and Manuela Gomes de Lima, "The Performance of Chinese and Brazilian Exports to Latin America, 1994–2009", *CEPAL Review* (106), April, 2012.

济学成为当然的学术源泉来解释所研究的对象。运用经济学相关理论来分析中巴贸易关系成为研究者们一般遵循的学术准则。但是如果将中巴贸易关系定位为双边贸易关系，或者退一步置于双边框架内来理解，那么中巴贸易关系就已经超出了经济学的传统解释范畴，具有了更多的跨国性特征，进入到国际政治领域。从目前的文献回顾的情况来看，将中巴贸易关系定位为双边关系，从国际政治学角度来研究的尚且有限。由于经济学与国际政治学长久分裂，国际政治学者对这一问题关注不够，投入的研究极为有限，中巴贸易关系研究的话语权掌握在经济学家的手中。从研究主题的定位上来看，有待于拓展经济学中的贸易问题，在中巴贸易关系研究中植入更多国际政治学双边关系研究内容。

其二，历史论述过多，比较分析不足。

从既往的研究来看，中巴贸易关系研究中对贸易关系发展的史实论述较多，对现象的描述多于对原因的分析。在研究有关问题时，对中巴贸易关系的处理较多依据时间序列，根据历史发生的先后顺序来论述其发展进程，对历史信息的记录强于对形成原因的剖析。从已有的分析来看，对中巴贸易关系发展原因的分析基本上局限于"需求推动论"。研究者普遍认为，在中国经济快速发展所带来的巨大需求推动下，为了满足经济发展的要求，中国必须进口大量的资源性产品，同时需要寻求商品销售的外部市场。巴西因为资源丰富，人口众多，近年来经济发展迅速，成为中国理想的贸易对象。但是，中巴贸易关系发展不仅仅是基于中国的巨大需求，为了客观认识这一问题，还有待于分析双方发展进程中的结构性因素，比较分析中国和巴西的工业化发展历程是未来研究的应有之义。

其三，定量分析主导，定性分析过简。

从研究方法来看，中巴贸易关系研究遵循经济学领域较为盛行的定量研究方法，研究者抑或建立数学模型，抑或运用图表公式来论证所提出的观点，采用科学定量的方法已经成为经济学领域研究中巴贸易关系的首选做法。但定量分析将中巴贸易问题与国内经济发展战略、国际战略和双边政治关系割裂开来，所得出的结论缺乏历史厚重感，结论的时效性有待商榷。虽然经济学所秉持的定量研究在目前的研究中较为流行，但定性研究仍然是历史学、比较政治学和国际关系学在研究中巴贸易问题时最为常用的方法，这些研究对于准确把握中巴贸易关系发展的全貌，探寻其发展规律，预测未来发展，提出应对之策具有不可替代的作用。但是，定性研究在分析具体问题时结论过于绝对，缺乏有力的数据支撑，所做出的判断显得较为简单，略有武断之嫌。

第四节 研究的方法

一般而言，研究方法主要由所要研究的问题来决定。本书试图从双边关系角度来研究中巴贸易关系，所采用的方法主要有历史研究方法、比较研究方法、历史的定量研究方法。

第一，历史研究方法。

历史研究方法主要体现在对中国和巴西的工业化发展历程的回顾上。在对两国经济思想史与经济史文献和政策文件准确理解的基础上，通过对两国工业化发展历史的梳理，立足于经济发展的现实，从中提炼出具有阶段性特征的发展战略。

第二，比较研究方法。

在对中国和巴西各自发展战略有了充分认识的基础上，分别研究各个时期发展战略对本国对外贸易政策的影响，并分析两国对外贸易政策在形成中巴贸易关系中的作用。通过各个阶段中国和巴西的对外贸易政策来研究相对应时期的中巴贸易关系，分析不同时期发展战略的改变对双边贸易关系的影响。

第三，历史的定量研究方法。

本书采用定性的分析方法来分析中国和巴西的对外贸易政策是否对中巴贸易关系发挥作用，将会借助国际组织的数据库和中巴两国权威政府部门公布的数据来分析中巴经贸关系阶段性的发展变化。本书力图将中巴贸易关系发展方向上所采用的定性研究和变动趋势上所运用的定量研究有机结合起来。

第一章　既往对外政策研究理论模式回溯

随着理论的不断发展，越来越多的研究表明，国内因素与国家对外政策相互关联，[①] 二者并非不可通约。"国际关系的基本规律植根于国内事务并受其影响"，[②] 国内事务在国际关系中的重要性日益受到重视。国内政治是解释国家对外政策极其重要的因素，[③] 对理解一个国家的外交行为具有不可替代的作用。在国际关系诸多理论中，当属对外政策研究最为关注国内因素的作用。对外政策分析从理论分析层次上来看，属于还原理论，是一种单元层次的理论。如果从哲学层面来观察对外政策研究，不难发现，它所要回答的问题是，事物的内因如果具有决定作用，即从单元内部属性来分析单元行为，该类研究着重研究国家内部事务对一国对

[①] [美]詹姆斯·多尔蒂、小罗伯特·普法尔茨格拉夫著，阎学通、陈寒溪等译：《争论中的国际关系理论》（第五版），世界知识出版社2003年版，第13—14页。

[②] Bruce Bueno de Mesquita, "Domestic Politics and International Relations", *International Studies Quarterly*, 2002, Vol. 46, No. 1, p. 2.

[③] James D. Fearon, "Domestic politics, Foreign Policy, and Theories of International Relations", *Annual Reviews Political Science*, 1998, Vol. 1, No. 1, p. 289.

外政策的影响，其研究遵循的是由内到外、由里及表的分析路径。

从国际关系理论和对外政策研究的理论分析层次上来看，一般而言，前者属于体系理论，关注体系对单元行为的决定作用，研究的重点在体系而非单元；后者属于还原理论，是单元层次的理论，深入单元内部属性来分析其对外行为，研究的重点在单元而非体系。本书研究双边关系，重点将要分析两个单元间的相互关系，其本质还是研究单元的对外行为。因此，从体系理论和还原理论的二分法来观察，本研究属于还原理论。研究内容决定了即将展开的研究将更多地遵循还原理论的学术渊源，从两个单元的自身属性出发来探讨各自属性的变化所导致的对外行为的变化，进而探究两个单元间相互关系的变化，本书研究的重点是单元而非体系。

国际关系理论主要研究国际体系对理性单一行为体——国家行为的影响，注重分析所在外部环境对国家的影响，探寻影响国家行为的外部因素。在"三大意象"中，国际关系理论研究第三意象的内容。对外政策理论与国际关系理论有着截然不同的研究内容，前者主要研究第一、第二意象，即决策者和国内结构如何对一国的对外行为产生影响，以及产生何种影响。将对外政策研究界定在狭义范围内，相对体系理论研究结构对单位行为的限制与约束，对外政策研究突破体系理论对国家进行的"黑箱"处理，进入国家内部，重点探讨国家内在属性如何影响一国对外政策。根据不同的研究内容，基于"三大意象"的划分方法，将对外政策的研究粗略地划分为国内结构层次的对外政策研究和个人层次的对外政策研究。①

在回顾既有研究时,笔者将挑选对外政策研究中最具有代表性的已经形成较为完备理论体系的研究成果,②总结其基本内容,提炼出不同流派在对外政策分析中的研究所得,希冀从既往的研究中吸取有用的学术要素,为本研究奠定坚实的学理基础。在此基础上,笔者将客观地分析现有研究所存在的共同问题,期待着从这些存在的问题中找到本书研究的理论突破点,为建构本书的解释框架做好理论铺垫。

◆ 第一节 国内结构层次的对外政策研究 ◆

自从肯尼思·华尔兹的《国际政治理论》问世以来,因其对国际现象的强大解释力,体系理论很快就成为国际关系研究的主流理论范式,先后出现的新自由主义和建构主义无不是出其左右,虽然它们关注的核心问题不一致,但所要回答的问题却是一致的,即体系因素如何影响一个国家的对外行为。体系理论研究体系对

---

① 国内学者张清敏教授根据对外交政策研究的发展历程,将其划分为决策机制和决策过程、比较外交政策、政治心理学或决策环境派三种类型。王鸣鸣教授将对外政策分析概括为四大理论框架:对外决策理论、比较外交政策、官僚组织模型与心理和社会环境理论。对外政策两种划分方法在实体内容上有很多相同或相似之处,具体内容参见张清敏:"外交政策分析的三个流派",《世界经济与政治》2001年第9期,第19—23页。王鸣鸣著:《对外政策分析:理论与方法》,中国社会科学出版社2008年版,第12—23页。

② 本书所选择的理论流派并未完全穷尽所有的对外政策分析理论模型,在几大理论模型的基础上,又派生出诸多相互交叉又各有侧重的新学说,但这些大都基于现有的经典理论模型,分析这些理论经典足以从中窥见对外政策分析的理论精华。

单元行为的决定作用。如果从哲学层面来审视体系理论，该理论所要回答的问题是整体对单元的决定作用。虽然其后的学者不断地对体系理论进行修正和完善，但体系理论的特性注定了其研究视角不能关注国内问题。

将国家作为一个单元来看待，分析国家的内部属性对一国对外行为的影响。此时，国家还仅仅是一个分析性概念，在分析对外行为时，还必须对国家这一概念进行分解。既有的研究在分析对外政策时将国家进一步划分为国际层面的国家概念和国内层次的国家概念。前者与世界上的其他国家相对，将国家作为单一实体，是特定人口、一定领土面积、暴力机器诸要素的总和，与英语单词"nation"相对应；后者则相对于国内社会而言，更强调国家政策，是统治工具的代名词，与英语单词"state"相一致。① 对国家概念的界定不同，对外政策研究的内容就会随之有所差异。如果将国家作为整体对待，视为单一实体，在进行对外政策研究时便要将国家做抽象化处理，忽视其内在属性对本国对外政策的影响。如果将国家作为一定地域范围内的国家政权来看待，在从事对外政策研究时就要深入到国家内部，关注其政权组织形式及官僚体系各部门间关系对该国对外政策的影响。下文将对这两种研究视角分别予以讨论。

一、抽象国家方面的对外政策研究

理性选择模型（rational choice model）并非国际关系研究首创，

---

① 有关国家概念的不同释义在国际关系理论中的意义参见李巍："从体系层次到单元层次：国内政治与新古典现实主义"，《外交评论》2009年第5期，第136页。

而是来源于微观经济学研究成果。理性行为体假设是微观经济学的一个标志，理性人假设是微观经济学理论研究的重要前提条件，微观经济学研究的核心问题就是在资源稀缺情况下理性人的行为。"理性人"这一概念是经济学其他领域进行后续研究的重要基础，这个概念并不是对客观现实的描述，而是对人类行为法则的抽象，是一种理想状态而非客观现实的反映。正是这一理想概念的提出，为经济学其他理论的发展奠定了重要的概念基础，有效地推动了经济学理论的科学化程度。

在对外政策研究中，国际政治学者借用这一较为成熟的经济学概念，并将其拓展，运用到国际政治领域，从经济学中主要研究人和组织的行为，拓展到国际政治和对外政策中研究国家行为。对外政策研究中的理性行为体模式是运用这一概念的代表。该模式借鉴经济学市场理论的研究路径，将国家类比为市场中的理性经济人，国家如同经济人一样是理性行为体，国家与经济人所不同的是，经济人处于市场中，而国家处于国际体系中。市场中的经济人无本质差别，国际体系中的国家也没有本质差别，具有同质化倾向，秉持"国家中心论"（state-centric）的观点，研究中遵循经济学个体主义研究方法。研究者用理性选择模式来分析国家的对外政策，在这个模式中，国家是单一行为体，依据收益最大化、损失最小化的原则行事，[1] 但这并非意味着国家就是理性的。现实中，国家在很大程度上也表现出非理性，从理性角度来分析对外政策构成了该模式的研

---

[1] Kenneth Waltz, *Theory of Internationa Politic*, Addison-Wesley Publishing Company, 1979, pp. 93–97.

究起点，国家在没有最高中央权威的国际体系中按照理性行为主体的逻辑行事，追求理性的对外政策。

理性是一种辨别和推理，是对偏好进行排序并做出选择的能力，是"约束内一致的价值最大化的选择"。① 理性行为体被假定能够根据实现目标的满意度来进行偏好排序。② 理性决策并不意味着选择满意的政策目标和手段，而是"从不够好的选择中挑出比较好的"。③ 理性行为体被认为能够识别方案以及这些方案的后果，并从这些方案中选择一个最大程度满足自己目标的方案。理性行为体的这些属性体现了微观经济学对于理性行为体的三大假设：有目的的行动、一致的偏好和效用最大化。因此，经济决策大体上可以理解为，经济人在进行有目的的行动时，坚持用一致的偏好来实现既定目标效用最大化而进行的选择。

如果遵循经济人作为理性行为体决策逻辑，那么可以认为，外交决策可以理解为"国家作为一个理性行为体在就有关国家最高利益问题进行决策时，将严格按照合理性原则来进行决策，以追求最大的效益"的过程。④ "国家能采取理性的行动，计算不同的政策带来的利益和成本，并能找效用最大化的政策。"⑤ 因

---

① Allison, Graham, *Essence of Decision: Explaining the Cuban Missile Crisis*, Boston: Little, Brown. Allison Graham, 1971, p. 30.
② Sage, Andrew, eds., *Concise Encyclopedia of Information Processing in Systems and Organizations*, New York: Pergamon Press, 1990, p. 233.
③ Steven J. Brans, *Rational Politics*, Washington D. C.: CQ Press, 1985, Preface vi. 转引自王鸣鸣著：《外交政策分析：理论与方法》，中国社会科学出版社 2008 年版，第 43 页。
④ 赵晓春：《发达国家外交决策制度》，时事出版社 2001 年版，第 23 页。
⑤ Graham T. Allison, *Essence of Decision: Explaining th e Cuban Missile Crisis*, Boston: Little Brown, 1971, pp. 1 – 5, 10 – 11.

此，外交决策是一系列理智行为的过程，经历相互联系的四个阶段：确定目标、预测达到既定目标的各种方案、评估不同方案出现的结果、选择最佳方案。决策者在上述四个阶段都采用科学的方法进行。由此可见，对外政策分析的理性选择模式是决策者在完全理性的条件下存在的一种理想的决策方式，是一种理想类型（ideal type）。在面对威慑和核武器的情景时，运用理性选择模型进行战略分析较为有用。该模式已经应用到博弈论中，用来研究特定决定如何做出。[1]

上述理性选择模式需要决策者考虑所有方案的结果，掌握不同方案的所有信息，是一种"完全理性"，属于经典理性选择模式（classical rational choice model）。赫伯特·西蒙（Herbert Simon）提出了"有限理性"（bounded rationality）的概念。他认为，决策者只有有限的信息处理能力，不会客观地寻求最优结构的所有信息，而会选择一个可接受的方案而不是最优方案。[2] 决策者是"心理人"（homo psychologicus）而不是完全理性的"经济人"（homo economicus）。决策者实行的是满意行为（satisficing behavior），而不是"完全理性"决策者实行的最大化行为（maximizing behavior）。

与"完全理性"条件下国家对外决策有所不同，在"有限理性"的前提下，国家的外交决策只能在时间和信息不充分的条件下，以有限的手段追求限定目标的最大化，实现满意的方案。满意决策

---

[1] Alex Mintz, Karl DeRouen Jr., *Understanding Foreign Policy Decision Making*, New York: Cambridge University Press, 2010, p. 8.

[2] Simon, Herbert, "Human Nature in Politics: The Dialogue of Psychology with Political Science", *American Political Science Review*, Vol. 79, No. 2, 1985, p. 295.

成为有限理性条件下国家对外决策的现实选择,决策者的目的不是追求目标利益最大化,而是依次分析各种备选方案,直到找到一个能满足最低要求的方案为止。即找到满意答案前,依次放弃不满意方案,并将其付诸实施。①

二、国家内在属性方面的对外政策研究

理性选择模型作为对外政策分析中惯用的分析工具,为理论研究提供了重要的基础,具有强大的解释能力。但是,现实对外政策实行过程中所涉及的问题往往超越了该理论所能囊括的范畴,学者们对这一经典理论模型进行了修正和改进,深化了国家作为单一行为体的认识,进一步指出国家在制定对外政策时并非是一个抽象整体,而是包含分散过程和多种行为体,并在此基础上分别提出了组织官僚政治模型。

(一)组织模型

组织模型认为,国家并非是一个整体,而是由一个分权式的政府部门构成,国家权力被不同的机构所分割,国家只不过是相互联系行政机构的集合体,② 强调内部组织因素(intraorganizational fac-

---

① Herbert A. Simon, "A Behavioral Model of Rational Choice", *The Quarterly Journal of Economics*, Vol. 69, No. 1, Feb., 1955, pp. 103 – 111.
② [加拿大]夏尔—菲利普·大卫著,李旦等译:《白宫的秘密:从杜鲁门到克林顿的美国外交决策》,中国人民大学出版1998年版,第9页。

tors）在对外政策分析中的作用。① 决策主体由各种行政组织构成，大多数行政组织都拥有一定的自主权，彼此互不干涉。② 行政机构因为所代表的利益不同，都期待在决策过程中体现本组织的使命，凸显本职业的特色，在常规运作程序方面能有所作为，这势必导致决策过程极易出现彼此纷争的情况，使得对外政策不再拥有凝聚力。

组织模型主要分析政府行为，认为在特定时期内，政府由诸多拥有标准运作程序（standard operating procedures）的组织构成。政府中的不同组织单位因为其特殊的功能，因而有权处理任何一个政策。③ 在这些日常决策过程中逐渐形成了组织内的办事路径、决策规范和程序，可运用以这些日常规范为基础的标准运作程序处理低级官僚能够处理的常规管理问题。这样容易保持政策的连贯性，政策之出现的偏差小，允许的变化幅度和创新也少。决策只需依据这些决策规范自下而上由低级的组织逐渐形成，重大事项才需要通过领导来处理。一般而言，政府日常决策少有涉及到不确定性，也不是危机决策，基于本组织规范和惯例就能做出，低级官僚就是这些政策的制定者和执行者。即便是重大问题，下级机关也须向上级领导提供有关该事务的基本情况，并提出政策意见或者组织方案，这些由下级提供的信息和方案往往会限制决策者的判断，实质上影响了

---

① Valerie M. Hudson and Christopher S. Vore, "Foreign Policy Analysis: Yesterday, Today, and Tomorrow", *Mershon International Studies Review*, Vol. 39, No. 2, Oct., 1995, p. 217.
② ［美］杰里尔·A. 罗赛蒂，周启朋、傅耀祖译：《美国对外政策的政治学》，世界知识出版社1996年版，第253页。
③ ［美］詹姆斯·多尔蒂、小罗伯特·普法尔茨格拉夫著，阎学通、陈寒溪等译：《争论中的国际关系理论》（第五版），世界知识出版社2003年版，第615页。

领导的决策。

在组织模型中,外交政策只是政府中不同组织依照标准运作程序正常运行的结果,主要解决的是常规外交政策问题。由于标准运作程序本身不具备"新事新办,特事特办"的能力,领导可能会依据有限的判断力低估了形势的严重性,做出不恰当的决策。[1]

官僚机构都是按照中央权威的等级制划分,并根据专业化分工的不同,将事务属性相似的单元组织在一起。各个行政组织在日常工作中重复着同样的事务,组织行为在性质上通常具有渐进的特性,组织决策以一种渐进主义(incrementalism)的形式在部门间实施,即在实际执行过程中,每次以在小范围内改变此前决策的保守方法而不是大幅度地改变前期政策的方法。"因为同样的方案多次被接受,所以渐进主义导致决策惯性(decisional inertia)。"[2] 由于不会与过去的选择有太大的偏差,一次决策而导致灾难性失败的可能性很小。渐进式决策职能略微改变现状,不能彻底解决问题,仅仅提供临时解决方案。决策者使用渐进决策的方法能够区分问题,这样的话问题容易识别,政治上可以接受的方案也容易找到。

(二) 官僚政治模型

在深入研究 1962 年古巴导弹危机过程中美苏对抗的政策后,埃里森提出了对外政策分析的官僚政治模型,随后这一模型被奉为对

---

[1] 王鸣鸣著:《外交政策分析:理论与方法》,中国社会科学出版社 2008 年版,第 110 页。
[2] Mandel, Robert, "Psychological Approaches to International Relations", in *Political Psychology*, eds., Margaret Hermann. San Francisco: Jossey-Bas. 1986, p.259.

外政策研究的经典理论模型之一。埃里森认为，美国不同政府部门的相互争夺最终促成了美国在处理这次危机中的对外政策。

相比较理性选择模型中单一行为主体的假设，官僚政治模式遵循多元主义（pluralist）的哲学信条，认为多个组织和官僚机构共同组成一个决策群体来影响对外决策，强调组织间因素（interorganizational factors）在对外政策中的作用。国家不是以一个抽象整体而是以多元化的结构作用于对外政策，讨价还价和妥协充斥在对外决策的过程中。它认为官僚机构是一种层级制结构，各个部门都想通过控制专业领域的政策来保护自己部门。在提交执行方案之前，决策者有在内部先行讨论的必要。[1]

官僚政治决策模型关注国内组织结构对外交决策的影响，关注外交政策的制定过程。这一模式着眼于各种官僚机构的决定如何引起政治竞争，将对外政策的形成视为政治斗争和不同官僚机构部门之间讨价还价的结果。该模式认为，对外政策在一个抽象的政治环境中产生，而不是在一个正式的决策过程中产生，这一过程依赖于正式的控制链。在进行决策时，呈现多元化景象：许多行政机关的人都参与其中，不同部门都抱有不同的目的，各部门的代表都希望将本部门的利益、目标和计划予以最大化地实现。决策者对政策选择的标准是自己的地位，根据自身在决策体系中的地位来决定自己的政策（Where you stand depends on where you sit）。[2]

---

[1] George, Alexander L., "The Case for Multiple Advocacy in Making Foreign Policy", American Political Science Review, Vol. 66, No. 3, Sep., 1972, pp. 751–785.

[2] Allison, Graham, "Conceptual Models and the Cuban Missile Crisis", American Political Science Review, Vol. 63, No. 3, 1969, p. 711.

各个官僚机构都有本部门的利益和使命,并以此对政府所代表的国家利益加以解释,以便本部门获利。任何人或部门都不能将本人或本部门的偏好强加给其他人或其他部门,各个部门对于对外政策没有一个整体一致的规划。因为所代表的利益不同,这样势必会产生利益冲突,这样的情况需要相互妥协和讨价还价的本领,于是对外政策就在各部门间的妥协中产生了,有时甚至为了本部门的方案能够胜出,几个部门会组建联盟,共同与其他部门谈判,力争对己有利的方案。最终达成的政策并非是任何一个单位的初衷,而是决策者所拥有的权力和讨价还价之后妥协的结果。对外政策是不同立场协调的结果,"不是一种实现任何立场的有效手段"。[①]

在官僚政治模型中,理解对外政策的关键在于政府,而将国内因素和国际因素作为次要影响因素。官僚政治模型所要解决的核心问题是:政府组织中的哪些人具有何种能力来参与对外政策的制定?对外政策的制定过程如何反映这些人的博弈?

此后,对外政策研究学者遵循官僚政治模式的研究视角,并在此基础上拓展了官僚政治模式的对外政策研究。后续研究分析了更多的政府部门间关系对一国对外政策的影响,通过大量的案例研究展现了官僚政治模式的丰富内涵,使得该模式的研究内容不断拓展,呈现出顽强的理论生命力。

美国学者是从事官僚政治模式的对外政策研究的主要学术群体,前后数代学者将美国对外政策作为理论和对策研究的分析样本,从

---

① 周启朋、杨闯等编译:《国外外交学》,中国人民公安大学出版社1990版,第217页。

多个视角来研究诸多国内官僚因素对美国对外政策的影响，不断地丰富和修正官僚政治模型。这种研究模型能够较为合理地解释如下问题：庞大官僚系统内部大量的偶然因素如何制约美国的对外政策；也能够有效地说明政府系统偶发因素对一国外交政策的影响。但是，在对该模型进行理论化的同时，"官僚政治模式也将美国国内这种基于多元主义思想的分裂现状予以普遍化了"，① 官僚政治模型广泛地应用于对外政策分析中，放大了美国官僚机构的特殊性，并将其作为官僚体系的一般性特征予以固化和普及。实际上，世界其他国家并非都具有美国国内这样特殊的多元分散的现实。

◆ 第二节 个人层面的对外政策研究 ◆

心理学研究最早在20世纪初被引入到政治学领域，用来研究人性中的冲动和本能在政治活动中的影响与政治中的非理性推理。② 直到20世纪五六十年代，认知心理学才被引入外交政策分析，研究个人在对外政策塑造过程中的作用，最终形成外交政策认知心理分析学派。③

---

① [美] 彼得·卡岑斯坦编，陈刚译：《权力与财富之间》，吉林出版集团有限责任公司2007年版，第15页。
② [英] 格雷厄姆·沃拉斯著，朱曾汶译：《政治中的人性》，商务印书馆1996年版，第13—63页。
③ James N. Rosenau 于1966撰写的学术论文 Pre-theories and Theories of Foreign Policy。Richard C. Snyder, H. W. Bruck 以及 Burton Sapin 在1954发表的论文 Decision-Making as an Approach to the Study of International Politics，Harold 和 Margaret Sprout 的论文 Man-Milieu Relationship Hypothesesin the Context of International Politics。这三篇文章是这一学派的代表性作品。

这一学派主要是要回答一个核心问题：个人如何以及能在多大程度上造成对外政策的实质和倾向的不同，帮助我们了解领导人如何做出外交政策决策。其关注的核心是人如何获取、处理和储存信息，而这些将直接影响决策。

国家和政府行政机构固然在一国的对外政策实践中起到重要作用，但个人，尤其是决策者，在对外政策的制定和实施过程中也发挥了不可替代的重要作用。"有说服力的外交政策不能把决策者视为毫不相关的外生变量"，[1]个人在对外政策的选择中也至关重要。学者们不满足于将国家视为"黑箱"（black box），从国家的抽象属性角度来研究对外决策，或者从国家内在结构来认识一国对外政策，长久以来一直较为关注认知因素在对外政策形成中的影响。对外政策的心理分析学派将个人而非集团、机构、政府作为分析单位，研究人在政治中所起到作用的方式，[2]将研究重点从国内结构层面回落到个人层面，引入心理学的分析工具，通过对决策者认知的分析来研究对外政策的发展变化，这种研究方式逐步形成外交政策分析的心理和社会环境理论，成为外交决策微观层面最主要的方法。

该学派认为，认知是指个人对他所处环境的理解，个人通常利用认知来预估如何应对新环境的挑战。"认知对研究国际事务以及理解诸如权力和利益这样的概念极为重要"，"这些国际政治领域的核

---

[1] Hermann, Margaretg, and Charles W. Kegley, JR, "Rethinking Democracy and International Peace: Perspectives from Political Psychology", *International Studies Quarterly*, Vol. 39, No. 4, Dec., 1995, p. 514.

[2] Margaret G. Hermann, "Political Psychology as a Perspective in the Study of Politics", in Kristen Renwick Monroe ed., *Political Psychology*, New Jersey: Lawrence Erlbaum Associates, 2002, p. 46.

心概念在本质上都是被认知的，不是客观的，权力和利益都是从个人对它们的信仰中产生的"。① 认知心理学假设，个人或者与他人的互动将直接决定所在整体的资源配置。个人被认为是受到目标驱动的，以它们认为的方式来行事，也就是说，个人的政治行为是基于他对所在政治环境的信念的。

认知心理学研究表明，理性行为体在现实中不存在。认识是一个动态过程，这种动态特性意味着决策者在进行信息处理时不可能实行理性选择模式的复杂计算过程，许多过程中都存在着偏见和错误。认知过程不应该理解为"非理性"，而应该更现实地理解为人的大脑如何真正起作用，应该将"信息收集的高成本、时间压力、歧义、记忆问题、错觉、组织结构和其他进入决策的因素都考虑在内"。② 决策者的大脑并非是白板，包含有复杂信息和思维模式，如信念、态度、价值、经验、情感和观念等。每个决策者的大脑就是他所处纷繁复杂社会的缩影。

认知心理学还认为，所有政治行为都源于个人的认知。虽然任何一种行动都会受到一定的限制，但大多数政治行为都受到个人信念的影响。个人在政治上组成小集团、当地政府以及建立更大范围内的社会联系，个人的政治行为又导致了个人间的互动，从而形成国家的行为模式。这些集体行为是动态的，反过来会影响个人，个人与集体相互妥协，影响未来行为。虽然每个人在历史洪流中微不

---

① Michaeld D. Young and Mard Schafer, "Is There Method in Our Madness? Ways of Assessing Cognition in International Relations", *Mershon International Studies Review*, Vol. 42, No. 63, 1998, pp. 63–64.

② Mandel, Robert, "Psychological Approaches to International Relations", in *Political Psychology*, ed. Margaret Hermann. San Francisco: Jossey-Bass, 1986, p. 252.

足道，但许多国家的政治行为在短时期内由少数人控制。在外交政策的实施过程中，决策者个人的认知水平也发挥了重要的作用，决策者通过对外部环境的判断，根据外部环境的评估采取相应的对外行为决策，并最终形成外交政策。

认知心理学在进行对外政策研究时，主要运用行为准则（operational code）、认知图（cognitive mapping）、意象理论（image theory）这几种方法。

一、行为准则

美国学者纳瑟安·雷兹（Nathan Leites）最早使用这个概念来研究领导人的决策行为。在为兰德公司提供的报告中，雷兹运用认知方法来研究苏联领导人的信仰与其行动的关系，为对外政策分析提供了新的研究视角。[1]

亚历山大·乔治（Alexander L. George）将雷兹的研究予以优化，提出了十个分析领导人行为准则的问题，将其概括为五个"哲学性"（philosophical）信仰和五个"工具性"（instrumental）信仰。五个"哲学性"信仰涉及到从总体上理解其他政治行为体和政治环境；五个"工具性"信仰用来解释政治行为体如何实现既定目标。哲学性信仰决定工具性信仰。[2] 这十个问题成为后续行为准则分析的基础，

---

[1] Nathan Leites, *The Operational Code of the Politburo*, 1st edition, The RAND Corporation. 1951.

[2] 这十个问题详细内容参见 Alexander L. George, "The 'Operational Code': A Neglected Approach to the Study of Political Leaders and Decision-Making", *International Studies Quarterly*, Vol. 13, No. 2, Jun., 1969, p. 197, pp. 201–216.

是政治生活的一般原则。

回答了这十个问题也就抓住了领导人的核心政治理念，就能有效地分析和预估领导人的政策选择。乔治认为哲学性信仰具有诊断性倾向，工具性信仰具有选择性倾向。前一种倾向影响领导人对特定形势的判断，后一种倾向导致领导人赞成某些行为方式。①

二、认知图

该种研究方法最早由美国学者罗伯特·阿克塞罗德（Robert Axelrod）提出，通过分析领导人的信念来推导出一张认知图，即描述大脑处理信息和信息传输的结构图。认知图通过直观形象的图表形式来处理大量复杂的信息，期待通过这种方法来提升信息处理能力。

认知图是由接点和连线所构成的知识网络，接点表示系统行为的主要特征和属性，接点间的有向连线代表系统行为间的正或负的因果关系，从而模拟出不同决策者在面临特定环境时的不同行为，探寻决策的决策逻辑过程。认知图正是因为能将决策者在某个具体问题的正或负的判断用网络结构图直观地表现出来，所以才能对外交决策进行解释与预测。这种方法在分析某个特定的决策以及不同情境下决策者的认知效果时较为突出。阿克塞罗德认为，"认知图是

---

① Alexander L. George. The Causal Nexus Between Cognitive Beliefs and Decision-Making Behavior: The "Operational Code" Belief System. In Lawrence S. Falkowski ed., *Psychological Models in International Politics*, Boulder: Westview Press. 1979, pp. 97, 103.

表现个人对有限领域看法的特定途径,它用来认识个体关于因果关系判断的结构,以及推理由这种结构而产生的后果"。[①]

相对于行为准则主要是希望理解和预测对手的行为而言,认知图用来表现个人主观世界的观念和信仰,[②] 主要是为了提高自身的决策水平。研究主要将记录下来的有关个人的文字文本和公开讲话作为原始文本来构建认知图的原始分析数据。认知图文本分析的重点是动词,因为它将概念间的关系进行编码。实际上,文本分析就是关注主谓宾结构,当认知图的意图是确定因果关系时,仅仅只需关注动词是否是正或负因果关系。分别用 1、-1 和 0 来表示正相关、负相关和不相关,[③] 这样就将认知图变得更加简洁,决策也变得直观明了。[④]

三、意象理论

肯尼斯·博尔丁(Kenneth Boulding)最先运用意象概念来研究国际体系,他将意象定义为行为单元的总体认知、情感和评估结构,或者是对自身和环境的内在看法。意象在国际体系中很重要,国际

[①] Axelrod, Robert, The Analysis of Cognitive Maps. In *Structure of Decision*, edited by Robert Axelrod. Princeton: Princeton University Press, 1976, p. 55. cited from: Michael D. Young and Mard Schafer, "Is There Method in Our Madness? Ways of Assessing Cognition in International Relations", *Mershon International Studies Review*, Vol. 42, No. 63, 1998, p. 74.

[②] Jonathan H. Klein and Dale F. Cooper, "Cognitive Maps of Decision-Makers in a Complex Game", *The Journal of the Operational Research Society*, Vol. 33, No. 1, Jan., 1982, p. 63.

[③] 王鸣鸣著:《外交政策分析:理论与方法》,中国社会科学出版社 2008 年版,第 135 页。

[④] 图表实例可以参见 Cognitive Maps of Decision-Makers in a Complex Game, pp. 65。

体系中一国和其他国家的意象建构了它所在的国际环境。[1] 他认为，自我和他人的意象可能影响外交决策过程，理查德·科塔姆（Richard Cottam）认为，人根据行为感知来行事。也就是说，可辨别的感知模式外加利益和情景限制决定了一个人的行为。[2]

理查德·赫尔曼（Richard K. Herrmann）将感知战略关系（perceived strategic relationship）设想成其他行为体所呈现出来的感知相对实力（perceived relative power）、感知文化（perceived cultur）、感知威胁或机会（perceived threat or perceived opportunity），并由这三个属性划分出四种理想的意象类型：敌人（enemy）、盟友（ally）、殖民者（colony）和退化者（degenerate）。[3] 博尔丁认为，感知其他行为体是敌对还是友好，实力是强还是弱是行为体主观意象的重要特征。[4] 有关研究表明，有些意象是因果联系的，一旦形成就会影响新信息的处理过程、新信息的存储，还会影响到对行动的理解和政策的选择。[5]

从上述学术成果中可以发现，既有的外交政策分析分别在国家层面、组织层面和个人层面予以展开，最终形成了理性选择理论、官僚组织理论和认知心理理论等具有代表性的理论学说。以往的研

---

[1] K. E. Boulding, "National Images and International Systems", *The Journal of Conflict Resolution*, Vol. 3, No. 2, Jun., 1959, pp. 120-121.

[2] Richard W. Cottam, *Foreign Policy Motivation: A General Theory and a Case study*, Pittsburgh: University of Pittsburgh Press, 1977, p. 62.

[3] Richard K. Herrmann, James F. Voss, Tonya Y. E. Schooler, Joseph Ciarrochi, "Images in International Relations: An Experimental Test of Cognitive Schemata", *International Studies Quarterly*, Vol. 41, No. 3, Sep., 1997, pp. 403, 411.

[4] K. E. Boulding, "National Images and International Systems", *The Journal of Conflict Resolution*, Vol. 3, No. 2, Jun., 1959, pp. 124-125.

[5] Richard K. Herrmann, James F. Voss, Tonya Y. E. Schooler, Joseph Ciarrochi, "Images in International Relations: An Experimental Test of Cognitive Schemata", *International Studies Quarterly*, Vol. 41, No. 3, Sep., 1997, pp. 403, 423.

究大都沿着由内到外的解析路径，重点研究特定时刻外交政策的制定过程，着重分析政治方面的因素对一国外交政策的影响。虽然理论成果较为丰富，但所反映的内容大多是基于美国学者对美国本土对外政策实践的经验总结。

◆ 第三节　既往研究的不足 ◆

已有政策分析的众多理论为我们理解和认识现实世界中所实行的对外政策提供了重要的参考，为后续研究提供了重要的学术积累。但纵观这些研究成果，其中仍然有一些不足，还有待于进一步发展和完善，概括起来有如下几个方面：

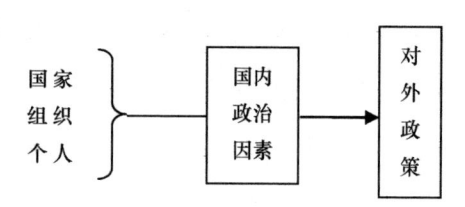

图1—1　既往外交政策分析的一般模式

一、线性解析路径

外交政策分析的研究内容比较丰富，所关注的问题涵盖国家内部的多个重要方面，而且大多选择进行个案深度分析。这些研究一般都选择着重分析国内某个特定因素在对外政策中的作用，分析其作用途径和限定条件,并在此基础上构建各自的理论框架。但是,如果超脱具体的研究内容,从它们的共性出发,站在一个更高的角度,从研究路径上重新审视这些研究成果,我们不难发现,既往研究所呈现的精彩个案背后所遵循的大多是由里及外的线性解析路径,所展现出来的是国内因素对一国对外政策的因果作用逻辑。

二、单一剖析主体

从理论研究的主体来看,既往的外交政策分析往往关注一个国家,[1] 分析这个国家某一方面的特质对本国对外政策的影响,研究对象为确定的国家,在理论上呈现单一剖析主体的倾向。从目前的研究成果来分析,这些理论流派侧重于分析外交政策的制定主体。从外交政策的制定主体来研究一国对外政策的影响因素固然重要,为我们深刻认识外交政策的纷繁决策内容和复杂决策过程提供了理论工具,有助于增强对外政策实践中的理论自觉,提高对外政策的效度。

斯特劳斯·休谱和波索尼认为,对外政策可以分为决定与执行这两个广阔的范畴,[2] 对外政策的制定和执行都应是对外政策的内容。现有的成果重点关注对外政策的制定过程,反映了一国对外部

---

[1] Alex Mintz, Karl DeRouen Jr., *Understanding Foreign Policy Decision Making*, New York: Cambridge University Press, 2010, p. 8.

[2] 周启朋、杨闯等编译:《国外外交学》,中国人民公安大学出版社1990版,第212页。

环境的总体性研判，缺乏在对外政策执行方面的研究。对外政策不同于对内政策的一个重要方面是它将主要指向或者应用于特定的国家，具有明确的方向。但是，作为对外政策执行过程中的政策接收主体尚未得到学者们的应有重视。因此，在未来从事对外政策研究时，我们有必要加强对外政策执行方面的研究力度，注意探究接受主体在外交政策形成中的作用。

三、静态分析模式

目前，"外交政策分析的是国家在面对特定的外部环境时，如何从内到外看待国家行为，决定自己的政策"。[①] 这些理论模型主要分析特定时期内的国家对外政策，研究问题的时间跨度极其有限，既往对外政策分析大多表现出静态理论的特性。

然而，"政策的制定是一个在'真实时间'中发生的过程，政策决策是逐渐变化的过程，必须以更为动态甚至演进的方式来处理政策规则"，[②] 政策由此而具有鲜明的时效性特征。作为国家总体政策的涉外方面，对外政策同样具有时效性，并不是固定不变的。根据环境、目的和对象的差异，对外政策会随之发生变化。刘达人认为，"对外政策之推移性是因为，国际政局为动的、变的，故一切政策宜随机应变，不可过于拘泥，此乃常理"。[③] 常书林也认为，"外

[①] 王鸣鸣著：《外交政策分析：理论与方法》，中国社会科学出版社2008年版，第50页。
[②] [美]阿维纳什·迪克西特著，刘元春译：《经济政策的制定：交易成本政治学的视角》，中国人民大学出版社2004年版，第20页。
[③] 刘达人著：《外交科学概论》，中华书局1941年影印版，第71页。

交政策具有推移性，政治家们并没有人相信其具有固定性，情势迥殊，对象变化了之后，就应以相当的政策去应对"。①

从研究的时间维度来看，已有研究大多专注于分析时点上特定情势下的对外政策，是对静态环境的反映，然而对外政策现实环境是不断发展变化的，反映出来的是一段时期内的环境变化状况。为此，我们有理由相信，未来外交政策分析应该力图构建反映客观环境的动态分析模式，以此来修复理论和现实的裂痕。

四、政治研究内容

从研究内容上来看，无论是从国家层面来研究抽象国家追逐权力和国家利益对外交政策的意义，还是从组织层面来分析国家行政机构的纷争在对外政策形成中的作用，抑或是从个人层面来探寻领导人的心理认知在特定环境下对外交政策制定的影响，皆是从政治方面着手，所涉及到的都是政治因素的作用及其路径方式，研究的内容大部分都囿于政治范畴之内。

"20世纪70年代之前，经济学和政治学被认为是两门完全隔绝的学科，彼此有着各自对国际事务的看法和主张，很少有相应的措施来沟通这两门学科。"② 长期以来，彼此都处于孤立的状态。国际政治学作为政治学的分支，继承了它的衣钵，将主要精力投向战争与和平这样关乎全人类发展的持久政治问题，较少关注国内经济问

---

① 常书林著：《外交 ABC》，世界书局 1928 年版，第 27 页。
② [美] 本杰明·J. 科恩著，杨毅、钟飞腾译：《国际政治经济学：学科思想史》，上海世纪出版集团 2010 年版，第 2 页。

题。比较政治学的研究议题自然地成为国际关系学者研究国际问题时的重点关注对象。

对外政策分析作为国际政治研究的重要内容之一,其研究内容源于后者,受到国际政治研究议题的惯性影响,较为关注政治因素在对外政策形成中的作用,较为忽视经济因素。但"政治学家在国际关系领域的垄断行为是不切实际和不利于未来发展的"。[1] 国际关系研究要打破政治学研究的藩篱,纳入新的研究要素。仅就此一方面而言,外交政策分析的后续发展应将政治和经济问题纳入到统一的解释框架中去,增加理论的解释效度。

五、美国特性理论

"20 世纪以来的西方国际政治研究始终存在、发散着一个巨大影响的'美国重心'。在当代西方国际政治研究中,至少有 30 种学说、学派或思潮,是由美国学者开创的。"[2] 对外政策研究如同其他国际政治研究领域一样,产生并发展于美国。长久以来,美国都是新生对外政策理论的来源地,不断产生出各种对外政策理论。美国学者一直以来都是对外政策研究的主力军,研究队伍十分庞大。

外交政策分析多以美国的对外政策制定过程作为分析对象,其理论成果来源于美国本土多元化社会现实,具有美国特性。虽然说

---

[1] Paul Wilkinson, *International Relation: A Very Short Introduction*, Oxford University Press, 2007, p. 1.
[2] 王逸舟:"试析国际政治学的美国重心",《美国研究》1998 年第 1 期,第 57、58 页。

选择的变量不同,试图要解释的对象也有所差异,但是这些研究"都努力把美国作为唯一的模型或例子来分析,但美国很难称得上是一个标准国家,以它的决策程序和问题作为归纳概括的基础太单一"。[①] 它的核心概念、理论体系、研究方法、案例选择等都具有强烈的美国烙印。正如罗伯特·W. 科克斯所言,"理论总是服务于某些人和某些目的",对外政策分析的诸多理论都属于"问题解决理论",服务于既定秩序的国家,[②] 为美国的国家利益服务。在运用美国对外政策分析的成果来观察世界其他国家的对外政策时,未免就有张冠李戴之嫌,基于美国经验的对外政策理论不一定能充分揭示他国的决策现实,用这样的理论来解释世界上其他国家的对外政策制定过程显得有些牵强附会。

---

① [英] 提莫·邓恩、密切尔·考克斯、肯·布斯主编:《八十年危机: 1919—1999 年的国际关系》,新华出版社 2003 年版,第 55—56 页。

② Robert W. Cox, "Social Forces, States and World Orders: Beyond International Relations Theory", *Journal of International Studies*, Vol. 10, No. 2, 1981, pp. 128, 129.

第二章 双边贸易关系之分析框架

在批判性地吸收前人研究成果的基础上，本章将借鉴外交政策由内到外的分析传统，尝试着从两个国家的对外贸易政策来理解双边贸易关系的发展变化。笔者试图开辟两条由里及外的分析路径，探寻两国在工业化发展过程中所实行的不同发展战略对双边贸易关系的影响。为了全面展示这一分析思路，下文将在对相关概念进行合理界定之后，首先建立起双边贸易关系的静态分析框架，提出双边关系分析的简约因果逻辑。随后，把这一静态简约的分析框架置于历史发展进程中去，更进一步提出双边贸易关系的动态分析框架。

第一节 基本概念

一、发展战略

1958年，美国经济学家赫希曼在其著作中首先提出"发展战略"这一概念,但他并未清晰地界定这一概念,只是从发展道路和经济发展模型方面提出了发展战略的重要性。① 从该词的出处来判断,作者的初衷主要是为了说明发展中国家为了实现工业化而实行的经济发展途径和方式。在其眼中,发展战略的核心内容是国家的工业化过程。

(一)发展战略定义

对于发展战略的定义,国内外学者从不同的研究角度提出了多个富有启发意义的界定。具有代表性的提法有如下几种:

国外学者较多地从发展经济学角度来界定发展战略。皮尔斯将发展战略定义为"解决经济不发达问题所采用的方法,包括工业发展、城市和农村的平衡增长、扩大和支援农业以解决工业建设中的剩余人口、进口替代、发展出口部门以获取外汇等多种战略"。② 钱纳里(Chenery)认为,"发展战略通常被视为是由内向到外向,或者由进口替代到出口导向的连续体"。③ 杰里菲特别指出,在现实的政策实行过程中,"内向型与外向型发展战略并非截然分开的,两者实际上是连续的统一体"。④

---

① [美]艾伯特·赫希曼著,曹征海、潘照东译:《经济发展战略》,经济科学出版社1991年版,译者的话第1页,第42页。
② [英]戴维·W. 皮尔斯主编,宋承先等译:《现代经济学辞典》,上海译文出版社1988年版,第148页。
③ Hollis B. Chenery, "Interactions Between Industrialization and Exports", *The American Economic Review*, Vol. 70, No. 2, May, 1980, Papers and Proceedings of the Ninety-Second Annual Meeting of the American Economic Association, p. 283.
④ [美]加里·杰里菲等著,俞新天等译:《制造奇迹:拉美与东亚工业化的道路》,上海远东出版社1996年版,第25页。

自从1982年党的十二次全国代表大会制定出到21世纪末中国经济发展的战略目标、战略重点、战略步骤和战略措施后，国内学术家开始了对经济发展战略的研究。国内学者一般采用"经济发展战略"这一概念。于光远将经济发展战略视为经济社会发展的全局性谋划。刘国光则认为，"经济发展战略专指在较长时期内，根据对经济发展的各种因素、条件的估量，从关系经济发展全局的各个方面出发，考虑和制定经济发展的目标、重点、阶段以及为实现上述要求所采取的力量部署和重大的措施"。[1] 刘光杰指出，"经济发展战略是指从经济发展的全局出发，分析构成经济发展全局的各个局部、部分、因素之间的关系，找出影响并决定经济全局发展的局部或因素，而相应做出的筹划和决策"。[2] 林毅夫提出，"发展战略是一个国家整体的经济发展战略，它主要探讨的是在一个国家的经济发展过程中，政府所选定的发展目标，以及为了达到这个目标，政府所执行的一系列配套政策和制度安排"。[3]

综合分析上述国内外学者对发展战略的定义，我们大体上可以做如下概念界定：发展战略是在一定时期内，一国政府为了促进本国经济发展而实行的一系列政策，这些政策构成一个包含从内向到外向的政策连续体。从发展战略的定义中，我们能够看出，它包含了以下几个方面的内容：首先，从时间跨越维度上

---

[1] 刘国光主编：《中国经济发展战略问题研究》，上海人民出版社1984年版，第2—3页。

[2] 刘光杰主编：《中国经济发展战略理论研究》，武汉大学出版社1995年版，第6页。

[3] 林毅夫著：《论经济发展战略》，北京大学出版社2005年版，第4页。

看，作为政策体系的发展战略具有时效性。它是一国在一个特定时期内所实行的政策，政策的时效性决定了它将随着时间的变化而发生变化。其次，从内容的空间分布维度上来观察，一国的发展战略由于经济发展目标的差异，可能存在外向型和内向型发展战略的属性差异。经济发展目标是会发生改变的，发展战略会因经济发展目标的变化而出现内容上的属性变化。从发展战略的时间和空间维度来分析，它将随着政策的时效性和经济发展目标的变动性而有所改变，并非固定不变，因此发展战略将会表现出不同的类属。

（二）发展战略分类

国内外学者因为研究的对象不同，对于发展战略的分类也有所差异。从目前的研究来看，关于发展战略的分类大致有以下几种。

从经济学理论上来看，布雷德福认为，发展战略的分类常常出现进口替代和出口导向两极化倾向，然而发展战略是一个从自给自足到出口推进的连续统一体。按照封闭到开放程度依次可以分为：自给自足、进口替代、开放经济、出口推进。① 前两类属于内向型发展战略，后两类属于外向型发展战略。罗伯特·J. 亚历山大（Robert J. Alexander）认为，经济发展的过程包含四种发展战略：制造业出口战略（manufacture-export）、强制资本战略（forced-capitaliza-

---

① 小科林·I. 布雷德福：“政策干预和市场：发展战略类型和政策选择"，[美]加里·杰里菲等著，俞新天等译：《制造奇迹：拉美与东亚工业化的道路》，上海远东出版社1996年版，第35—36页。

tion)、初级产品出口战略（primary-product-export）、进口替代战略（import-substitution）。① 钱纳里在对众多准工业化国家的数据进行分析的基础上归纳出三种发展战略：出口扩张发展战略、进口替代发展战略和平衡发展战略。②

还有部分从事发展中国家经济，尤其是拉美经济研究的学者将工业化视为国家发展的最重要内容，将工业战略、工业化模式视为发展战略的核心。这些学者中有一部分人坚持两分法：施米茨曾经将欠发达国家和地区的工业化战略分为进口替代工业化和出口导向工业化两种；③ 蒋振中的划分与施米茨较为相似，将工业化战略分为进口替代和出口替代两种；④ 张颂豪将第二次世界大战后拉美国家的经济发展战略分为进口替代和出口导向两大类；⑤ 苏振兴、徐文渊从市场和生产的角度将拉美国家的发展战略分为进口替代战略和促进出口战略。⑥ 另一部分学者则实行三分法：江时学将拉美国家的发展战略分为初级产品出口型发展战略、进口替代工业化发展战略和"后进口替代"发展战略；⑦ 曾昭耀将拉美国家的发展战略划分为外

---

① Robert J. Alexander, "The Import-Substitution Strategy of Economic Development", *Journal of Economic Issues*, Vol. 1, No. 4, Dec., 1967, p. 297.
② [美] H. 钱纳里等著，吴奇等译：《工业化和经济增长的比较研究》，上海人民出版社1995年版，第431—432页。
③ [英] 休伯特·施米茨："欠发达国家和地区的工业化战略：历史经验的若干教训"，[美] 塞缪尔·亨廷顿等著：《现代化理论与历史经验的再探讨》，上海译文出版社1993年版，第432页，
④ 蒋振中："论进口替代与出口替代的工业化战略"，《国际商务研究》1983年第2期，第6—11页。
⑤ 张颂豪："拉美的对外贸易政策和实践"，《拉丁美洲研究》1986年第3期，第31页。
⑥ 苏振兴、徐文渊主编：《拉丁美洲国家经济发展战略研究》，北京大学出版社1987年版，第3页。
⑦ 江时学著：《拉美发展模式研究》，经济管理出版社1996年版，第3页。

向型自由主义发展战略、内向型进口替代发展战略和外向型新自由主义发展战略。[1]

钱纳里曾将发展战略分为进口替代、外向型和外援辅助三种,[2]但在随后的研究中又对这一划分进行了修正,侧重从对外政策方面来研究发展战略,将发展战略类型分为内向型和外向型两种,并结合结构特征进行比较,将战后准工业化国家的发展战略分为四种代表性的类型：外向型初级产品生产导向战略、内向型战略、中间型战略和外向型工业生产导向战略。[3]

早期的发展战略研究主要关注内部政策,也就是资源动员对经济发展的作用,较少研究发展战略的对外政策方面,少有涉及发展战略对对外贸易政策的影响。后期的研究虽然研究发展战略的对外政策方面,但关注的样本是所有发展中国家,是对准工业国家发展战略的整体性把握,大小国家的区分是确定类型划分的重要依据。

本书的研究目的主要是探讨发展战略对一国对外贸易政策的影响,因此只有关注发展战略的对外方面,才能合理解释由此带来的不同贸易政策效果。鉴于此,本书首先将对外战略从总体方向上划分为内向型和外向型两大类,然后将内向型发展战略划分为自给自足和进口替代两种,再将外向型战略分为保护性出口促进和出口促

---

[1] 曾昭耀:"有关进口替代工业化战略评价中的几个问题",《拉丁美洲研究》1999年第3期,第31页。

[2] [美] H. 钱纳里等著,李新华等译:《发展的型式：1950—1970》,经济科学出版社1988年版,第79页。

[3] [美] H. 钱纳里等著,吴奇等译:《工业化和经济增长的比较研究》,上海人民出版社1995年版,第127—129页。

进两种。

"这种划分往往过于简化,实际上,各国所推行的发展战略往往是混合政策倾向",① 因此这种类型划分只是作为一种分析性概念。对发展战略在体系上进行划分,是为了将发展战略类型概念化,以便于深入研究不同发展战略类型对对外贸易政策的影响。虽然划分类型是一个棘手而且痛苦的过程,但这种分类对于理论上清晰地阐述问题大有裨益。

二、对外贸易政策

一般而言,对外贸易(foreign trade 或 external trade)是指一个国家或地区与别国或地区间的货物、服务及与贸易有关的要素交换活动。② 它是一种对外经济活动,包括进口和出口两个方面。从对外贸易的实施主体来看,对外贸易是主体间的一种社会活动,具有双边活动的特性,需要行为体双方才能实现。

(一)对外贸易政策定义

吴国新等人认为,对外贸易政策是"一个国家在一定时期内对

---

① Rajneesh Narula, "Switching from import substitution to the 'New Economic Model' in Latin America: A case of not learning from Asia", *Latin America/Caribbean and Asia/Pacific Economics and Business Association Working paper*, No. 4, December 2002. p. 7.
② 关于对外贸易的概念参见郭增艳、陈时万编:《对外经贸政策与实务》,世界图书出版公司1994年版,第1页;李平编:《WTO 与国际贸易》,社会科学文献出版社2006年版,第35页;赖景生编:《国际贸易理论基础与实务》,西南师范大学出版社2001年版,第4页。

进口贸易和出口贸易所实行的政策"。① 郝玉柱、原玲玲提出了政策目标对于对外贸易政策的重要性,将对外贸易政策定义为"一国政府在一定时期内为实现一定的政策目标对进出口贸易进行管理的原则、方针和措施的总体"。② 薛荣久则指出了经济发展战略对于对外贸易政策的意义,将对外贸易政策视为"一国政府在其社会经济发展战略的总目标下,运用经济、法律和行政手段,对对外贸易活动进行有组织的管理和调节的行为"。③ 李平扩大了对外贸易的内容,将对外贸易政策定义为"一国政府为了实现保护本国市场、扩大商品或劳务出口、积累资金和技术等目的而制定的有关贸易方针、法规及措施"。④

在全面深入地分析了上述各种定义之后,我们将对外贸易政策(Foreign Trade Policy)定义为:一国政府根据本国发展战略需要,在一定时期内对进口和出口商品所实行的原则、方针和措施。从价值目标上看,对外贸易政策是为了满足本国的发展战略需要;从政策主体上看,对外贸易政策由特定国家制定,是"从单个国家的角度来研究一国一定时期内所实行的贸易政策";⑤ 从时效上看,对外

---

① 持这种定义的代表性著作有吴国新编:《国际贸易:理论·政策·实务》,上海交通大学出版社2004年版,第135页;汪晓文编:《国际贸易:理论·政策·营销》,兰州大学出版社2005年版,第207页;赖景生编:《国际贸易理论基础与实务》,西南师范大学出版社2001年版,第85页;李滋植编:《国际贸易》,东北财经大学出版社1996年版,第76页;杨健全主编:《国际经济与贸易:理论·政策·实务·案例》,陕西人民出版社2009年版,第215页。
② 郝玉柱、原玲玲编著:《国际贸易学》,中国商业出版社2009年版,第200页。
③ 薛荣久编:《国际贸易(新编本)》,对外经济贸易大学出版社2003年版,第260页。
④ 李平编:《WTO与国际贸易》,社会科学文献出版社2006年版,第197页。
⑤ 贾金思等编:《国际贸易:理论·政策·实务》,对外经济贸易大学出版社2005年版,第165页。

贸易政策是对特定时期内贸易环境的反映；从内容上看，对外贸易政策主要关注进口和出口商品，包括劳务、技术、资本和服务。

对外贸易政策一般由对外贸易总政策、具体政策（即进出口商品政策）和国别（地区）政策这三项内容构成。对外贸易总体政策反映一个国家对外贸易整体特性，属于对外贸易的宏观层面。进出口商品政策表现一国对外贸易政策实体内容，属于对外贸易的中观层面。国别政策体现了对外贸易政策的地域性差异，属于对外贸易的微观层面。

对外贸易总政策包括进口总政策和出口总政策。它"通常与一国的经济发展战略密切相关，是在一个较长的时期内贯彻的贸易政策"。[1] "它是一国发展对外经济关系的基本政策，是整个对外贸易政策的立足点"，[2] "是各国对外贸易政策的核心，是制定其他贸易政策的依据"。[3]

进出口商品政策是根据对外贸易总政策和发展战略所制定的进出口商品的原则和规定。"进出口商品政策服从、服务于对外贸易总政策"，[4] "进出口商品政策是对外贸易总政策的具体化。一个国家选定了怎样的对外贸易总政策，就会有怎样的具体的进出口商品政策"。[5]

国别（地区）政策[6]是指一国政府根据特定时期内本国与相关

---

[1] 喻志军编：《国际贸易理论与政策》，企业管理出版社2006年版，第186—187页。
[2] 冯德连编：《国际贸易理论与实务》，中国物资出版社2004年版，第84页。
[3] 曾宪植编：《新编国际贸易与国际金融》，经济管理出版社1998年版，第27页。
[4] 黄鲁成编：《国际贸易学：成因·调整·协调》，清华大学出版社1996年版，第99页。
[5] 汪晓文编：《国际贸易：理论·政策·营销》，兰州大学出版社2005年版，第207页。
[6] 本书主要研究双边贸易关系，国别政策是本书研究的重点，为行文简便，下文只使用国别政策来替代国别（地区）政策。

国家（地区）的政治、经济和外交关系制定的差异化贸易政策。"通常，一国政府对目标国家的贸易政策随着对外贸易总政策、对外经济和政治关系的变化而有所变化。"[①]

（二）对外贸易政策类型

目前对外贸易政策的划分有两种方法：第一种方法是从政策内容上划分，分为自由贸易政策与保护贸易政策；第二种方法是从贸易倾向上划分，分为外向型贸易政策和内向型贸易政策。[②]

从政策内容上来看，自由贸易政策取消对进出口贸易的限制和障碍，取消对本国进出口商品的各种特权和优惠，使商品自由流通，在国内外市场自由竞争。政策实质是政府"不干预、少干预"。保护贸易政策则是国家利用各种措施限制进出口或者控制经营领域与范围，保护本国市场免受外国商品的竞争，并对本国出口商品给予优待或补贴，以鼓励商品出口。政策实质是"奖出限入"。贸易保护措施包括：出口补贴、外汇管制、进口许可证、工业激励、配额、关税等。

外向型贸易政策对用于国内市场或者出口的生产呈现中性，既不歧视出口，也不偏向进口替代。内向型贸易政策倾向于国内生产，

[①] 叶蜀君编：《国际贸易基础知识》，中国铁道出版社 2005 年版，第 55 页；贾金思等编：《国际贸易：理论·政策·实务》，对外经济贸易大学出版社 2005 年版，第 165 页，第 165—166 页。

[②] 目前第一种划分方法较为流行，第二种划分方法主要参见 World Development Report 1987, World Bank Publications, 1987, p. 8; 逯宇铎等编：《国际贸易》，清华大学出版社、北京交通大学出版社 2005 年版，第 40 页；张培刚也将发展中国家的贸易政策分为内向型和外向型这两种，参见张培刚主编：《发展经济学教程》，经济科学出版社 2001 年版，第 441 页。

歧视出口。根据外向或内向的程度差异，可以将贸易政策分为：坚定外向型、一般外向型、一般内向型和坚定内向型贸易政策。自由贸易政策是一种外向型贸易政策，保护贸易政策是一种内向型贸易政策。

从两种划分方法的实体内容来看，二者在本质上是一致的，只是所选用的划分标准不同而已。在实际运用中可以先从贸易倾向上判断一国对外贸易政策是呈现出内向型还是外向型特征，然后再从政策内容上判断所实行的具体贸易政策。

三、对外战略

（一）对外战略定义

战略（strategy）起先是一种军事用语，最开始主要用于军事领域。克劳塞维茨认为，"战略是为了达到战争目的而对战斗的运用"。[1] 毛泽东曾经指出，"战略问题是研究战争全局的规律的东西，研究带全局性的战争指导规律是战略学的任务"。[2] 哈特将其定义为"分配和应用军事手段来实现政策目的的艺术"。[3] 随着政治、经济和科技的发展，"战略"这一概念被广泛地用于其他领域，其所包含的内容也随之越来越广泛。

---

[1] ［德］克劳塞维茨著，中国人民解放军军事科学院译：《战争论》第1卷，商务印书馆1982年版，第175页。
[2] 《毛泽东选集》第1卷，人民出版社1991年版，第175页。
[3] B. H. Liddell Hart, *Strategy*, New York: Praeger, 1967, p.335.

在此背景下，战略概念在国际关系领域得以运用和发展，并逐渐形成对外战略这一概念。从目前的研究成果来看，学术界对这一概念主要有以下两种不同的看法：

第一种观点以张季良为代表，他认为对外战略就是国际战略，是"一国对较长时期内国际局势、本国国际地位、国家利益和目标，以及相应的外交和军事政策等的总体认识和谋划"。① 这种对外战略观将对外战略与国际战略等同，从单一国家的角度来理解国际战略即为对外战略。依据研究者对待这两种战略的划分方法，我们可以将这种对外战略概括为"国际战略等同论"，即将对外战略和国际战略视为一体。

第二种观点的代表性学者有如下几位：李景治、罗天虹等人认为，对外战略是国际战略的基本表现形态，"国际战略的基本主体是主权国家"，并将国际战略界定为"主权国家在较长时期内参与国际竞争的总体方略"。② 高金钿等人指出，"国际战略是主权国家在对外关系领域内较长时期、全局性的谋略，也指主权国家在国际斗争中运用国家实力谋求国家利益的筹划与指导，其主要的表现形态是主权国家的对外战略。"③ 李少军在研究国际战略时使用"国家战略"的概念，将国家战略定义为"部署国家对内对外行为的总纲"。他认为"国家作为当代国际关系中的主权者和境内外国民的代表者，

---

① 张季良主编：《国际关系学概论》，世界知识出版社1989年版，第73页。
② 李景治、罗天虹等著：《国际战略学》，中国人民大学出版社2003年版，第5—6页。
③ 高金钿主编：《国际战略学概论》（修订本），国防大学出版社2001年版，第8页。该书初始设定的问题和篇章结构来看是研究国际战略，但从第八章开始研究具体国家的对外战略，很显然，作者在章节安排上也体现出他的这一研究思路。详细内容参见该书第259—308页。

是处理内部事务和国际互动最基本的战略单元",并以此将国家战略分为对内战略和对外战略两种。① 同样,根据学者们的区分方法,我们可以将这种对外战略总结成"国际战略代表论",即将对外战略视为国际战略的重要部分,后者包含前者。

从上述两种对外战略的理解中可看出,学者们对对外战略与国际战略的区分主要体现在概念的内容和行为主体上。坚持"国际战略等同论"的学者认为,对外战略和国际战略都是单个主权国家作为对外战略的制定和实施主体,两者的范围和行为主体同一。"国际战略代表论"学者则将国际战略的主体视为世界范围国家的战略全局,而将对外战略视为主权国家的战略问题,二者的范围和主体不同。

究其原因,之所以会造成这种不同划分方法,主要是因为不同学者观察国际问题时角度不同,而非内涵存在差异。"国际战略等同论"从特定主权国家出发来研究和分析问题,并据此来采取相应的对外行动。而"国际战略代表论"则站在主权国家和所在国际环境这两个方面来看待国际问题,前者的战略是对外战略,后者的战略是国际战略,二者是包含与被包含的关系。

本书所要研究的问题是双边关系,而且遵从由内及外的研究路径,将从特定国家的角度来研究对外战略问题。从这个意义上来看,应该在未来的研究中更多地分析特定国家的对外战略变化。在此,我们对其做如下定义:对外战略是在一个较长的时期内,特定主权

---

① 李少军主编:《国际战略报告:理论体系、现实挑战与中国的选择》,中国社会科学出版社2005年版,第30—31页。

国家从国际全局出发，运用外交的谋划和认识，制定对外关系的原则、方针和政策。

（二）对外战略特性

对外战略作为战略形式的一种，既具有一般战略的共性，又具有国际问题领域的特性。对外战略具有全局性、长期性、方向性和单一性，全局性和长期性是各种战略所具备的共性，方向性和单一性是对外战略的特性。

全局性是指对外战略是对一国对外关系领域的重大问题的筹划和指导，谋划的是国家在与世界其他国家交往中那些具有全方位意义的问题。全局性主要是对外战略在空间上呈现出来的特点。全局性的意义在于说明，对外战略是关乎一个国家对外政策和行为的重要关切，势必会影响到一个国家对外行为的多个方面。

长期性意味着对外战略是着眼于未来一段时间的对外政策和行为的取向，一旦制定出台，将会保持相对稳定性，会在持续较长一段时间内对国家行为产生影响。长期性是对外战略在时间维度上体现出来的特质。长期性表明，对外战略并非频繁变动，而是保持相对持久，对一国对外行为具有长久的塑造作用。

方向性表明，"战略在本质上就是一种选择，反映了对未来某种状态的一种偏爱"。[1] 对外战略具有明确的目标，是立足于本国的国家利益之上对外部环境的判断，将会影响国家的对外政策和行为。方向

---

[1] Harry R. Yarger, *Strategic Theory for the 21st Century: The Little Book on Big Strategy*, Strategic Studies Institute, 2006, p. 6.

性是对外战略在发展趋势上体现出来的特色。对外战略的方向性意味着国家对外政策和行动的发展方向,为实现本国的国家利益服务。

单一性则表明,对外战略是由特定的国家来制定并予以执行的,实施主体是世界范围内的各个主权国家,对外战略由此呈现出多种形态,表现出一定程度的差异性。单一性是对外战略在内容上所表现出来的特点。各个国家所处的地位存在差异,面临的发展任务不一致,导致各国的国家利益有差异,势必会影响各国的对外战略形态,由此决定了对外战略的发展特性。

第二节 双边贸易关系之分析框架

本节将在厘清发展战略、对外贸易政策和发展战略的逻辑关系的基础上,构建出一个双主体实施的由内到外的简约分析框架。

一、双边贸易关系之静态分析框架

发展战略、对外贸易政策和发展战略三者间的逻辑关系主要表现在以下两个方面:

(一)发展战略决定对外贸易总政策和进出口商品政策

从发展战略的定义可以看出,它是一个从外向到内向的政策连续体,是对国家经济发展的最高政策谋划。各国政府在实行不同的发展战略类型时将会随之施行不同的对外贸易政策，不同的对外贸易政策在实施过程中对进出口又会有不同的侧重点，最终将形成该国对外贸易的大致发展方向。外向型发展战略鼓励自由贸易，鼓励生产要素的自由流动，还鼓励开放的信息交流，有助于全面工业化和经济发展。内向型发展战略严格限制贸易、限制人力和信息的流动，并把跨国企业及其产品和技术排斥在国门之外。① 发展战略是对外贸易政策的基础，它决定了对外贸易政策的内容和趋势，进而决定了进出口商品政策。据此，我们认为，如果一国采取外向型的发展战略，就会制定比较开放和自由的外贸政策，鼓励出口或者对进出口实行中性不刺激政策。反之，采取内向型的发展战略，就会制定贸易保护政策，限制进口。

发展中国家在工业化过程中所采取的发展战略因所处的工业化阶段不同而有所变化。在工业化初期，工业化水品较低，产品竞争力较弱，发展中国家一般采用内向型进口替代发展战略。进口替代发展战略要求实行贸易保护政策，仅仅允许进口国内不能生产或满足国内生产不足的产品。② 政府通过限制国内能够生产商品的进口、进口关税、进口配额、补贴和出口保护等方式来保护幼稚产业，③ 外贸模式成为发展中国家发展战略的代名词。随着产业不断升级，工

---

① 张培刚主编：《发展经济学教程》，经济科学出版社2001年版，第452页。
② Eliana Cardoso, "A Brid History of Tade Polices in Brazil: From ISI, Export Promotion and Import Liberalization Multilateral and Regional Agreements", Paper prepared for the conference on "The Political Economy of Trade Policy in the BRICS", New Orleans, March 27–28, 2009, p. 6.
③ [美]吉利斯·波金斯、罗默·斯诺德格拉斯著，黄卫平等译：《发展经济学》（第四版），中国人民大学出版社1998年版，第489—496页。

业化水平提高，逐步放弃内向型进口替代发展战略，实行外向型出口促进发展战略，采用出口补贴、出口退税、出口信贷、出口信贷担保以及货币贬值等手段鼓励出口，对外贸易日益走向开放，逐步向自由贸易政策发展。

无论是从发展战略与对外贸易政策内容和逻辑关系上分析，还是从发展中国家在工业化过程中所实行的典型发展战略与对外贸易政策实践上来看，发展战略只能决定对外贸易政策的整体特征和实体内容，即对外贸易总体政策和进出口商品政策。发展战略不能直接决定对外贸易国别政策，分析国别政策还需考虑对外战略因素。

（二）对外战略影响对外贸易国别政策

从定义中可以看出，对外战略是主权国家在一段时期内制定的对外方针和政策，而每个国家必须决定它对世界其他国家的态度以及决定它在世界事务中将采取的行动进程，[①] 这将很大程度上决定本国与世界上其他国家对外关系的亲疏程度。一般而言，当一个国家的对外战略重视某个国家时，就会与该国日益接近，才会与这个国家发展包括贸易关系在内的多种联系；反之，就会与这个国家渐行渐远。

对外战略的方向性特征决定了本国政府的对外政策和行为的基本走向。贸易政策一直被视为与国家安全、生存为内容的"高级对

---

① 周启朋、杨闯等编译：《国外外交学》，中国人民公安大学出版社1990版，第212页。

外政策"（high foreign policy）相对应的"低级对外政策"（low foreign policy）的一部分。① 发展战略的方向性将决定本国与特定国家发展这种"低级对外政策"的状况，也决定了一国对外贸易政策的具体方位，并将与某些国家发展对贸易关系的可能性予以具体化。对外战略的单一性表明，不同的国家会实行有差异性的对外战略，从而决定与不同国家发展对外贸易的水平，对国别政策起到最终的定位作用。

由此可见，对外战略在对外贸易国别政策的形成过程中起到了瞄准机制的作用，将本国的对外贸易政策投射到特定国家，强化了与这些国家的贸易关系，对外贸易政策的大致方向被确定下来，形成具有差异化的国别贸易政策。对外战略因对国别贸易政策的定位作用而制约了本国与其他国家的贸易发展水平。

从上述两方面的内容可以清晰地看出发展战略、对外战略和对外贸易政策三者之间的逻辑关系：发展战略决定了一国对外贸易总体政策和进出口商品政策，对外战略影响到对外贸易国别政策。发展战略从根本上决定了一国对外贸易政策的总体趋势和内容，对外战略将这种趋势和内容定位于特定的国家，二者共同作用下最终形成一个主权国家与其他国家间的贸易关系。

（三）双边贸易关系之静态分析框架

从词源学上追溯，在汉语中，"关系"是指事物之间相互作

---

① Richard N. Cooper, "Trade Policy is Foreign Policy", *Foreign Policy*, No. 9, Winter, 1972–1973, p. 18.

用、相互影响的状态,① 单个事物不能构成"关系"主体,"关系"具有多主体特征。"国际关系"包含微观层次和宏观层次,前者指的是以国家为中心建立的双边和多边关系,后者指的是各行为主体相互作用的有机统一体。② 在英语中,"international relations"有两层意思,一方面是指一国处理与另一国或国际组织的关系,以及与之相关联;另一方面还表示双边或多边行为的广义范围。③ 国家间的互动是国际关系研究的内容之一。④ 因此,从上述内容可以看出,无论是从"关系"的中文词源上考察,还是从"国际关系"的中英文概念界定来看,国际关系中天然地包含着双边关系,双边关系理应是国际关系研究的重要内容之一。至此,从词源上考察可以认为,双边关系是国际关系的重要组成部分,是进行国际问题研究的重要内容。

对外政策⑤ 是国际关系理论的重要组成部分,长久以来,学术界在这方面已经产生诸多研究成果。但综观国内外既往研究,从中不难发现,对外政策理论研究一般囿于探讨单个国家的对外行为及其形成机制与特征,研究的焦点集中于单个国家,该领域的研究对象呈现出单一性特征。但是"对外政策说到底是一种与他者之间的

---

① 中国社会科学院语言研究所词典编辑室编:《现代汉语词典》(第5版),商务印书馆2005年版,第501页。
② 张季良主编:《国际关系学概论》,世界知识出版社1989年版,第8—9页。
③ G. R. Berridge and Alan James, *A Dictionary of Diplomacy* (*Second Edition*), Palgrave Macmillan, 2003, p. 147.
④ Martin Griffiths, Terry O'Callaghan, Steven C. Roach, *International Relations: The Key Concepts 2nd Edition*, Routledge, 2008, p. vii.
⑤ 对外政策在英文中对应的词组是"foreign policy",但在中文中与之相对应的意译还有外交政策,二者虽然有所区别,但本书主要是借鉴外交政策分析(foreign policy analysis)的理论成果,在本书中视二者为同义词。

关系",① 在对外政策过程中一国必定要与其他国家产生某些联系，只有这样对外政策才能予以实施，对外政策的实践主体才具有双向交互性特点。因此，对外政策理论与实务之间就存在着一对持久性矛盾，即对外政策理论中，研究对象具有单一性，而对外政策实务中，实践主体具有双向交互性，理论对象单一性与实践主体双向性形成持久张力。从理论和实践的一致性考察，两者尚且存在一定的差异，现有的对外政策理论还不能合理解释双边关系的现实。

从词源和理论与现实一致性这两方面考虑，双边关系是国际关系中的固有组成部分，是国际关系纷繁复杂现实中的常在现象。但是，由于国际关系理论重在对体系问题的考察，而对外政策理论又着重于行为体属性对国家行为的影响，双边关系还未受到理论界的足够关注，双边关系的理论化水平还有待于进一步提高。本书藉此专注于双边关系，期待能够增加相关的学术积累。

"对外政策是一国对外关系的实质内容"，② 从某种程度上而言，"国际关系是各个国家外交政策所建构的"。③ 作为国际关系重要内容的双边关系可以看做是两个国家的对外政策交汇互动的结果。不仅如此，从对外贸易的定义可以看出，对外贸易须在至少两个主体间实现，是主体间的商品交易活动，对外贸易构成了特定的双边关系。而且，作为高度抽象的研究方法分析对外贸易中

---

① ［英］提莫·邓恩、密切尔·考克斯、肯·布斯主编：《八十年危机：1919—1999年的国际关系》，新华出版社2003年版，第37页。
② Charles. W. Freeman, Jr., *The Diplomat's Dictionary*, Washington, D. C.: National Defense University Press, 1994, p. 287.
③ 王鸣鸣著：《外交政策分析：理论与方法》，中国社会科学出版社2008年版，前言，第1页。

最一般问题的理论,"对外贸易纯理论建立在两个国家的假设基础之上"。[①]

不管是从对外政策角度,还是从对外贸易角度,抑或是从对外贸易理论建构方面,双边关系都是由两个国家的对外政策建构的,遵循同样的逻辑,本书从对外贸易政策的角度来建构双边贸易关系的解释框架。这种解释框架无论是从双边关系的对外政策建构现实,还是从对外贸易理论和实践上,都是可行的。

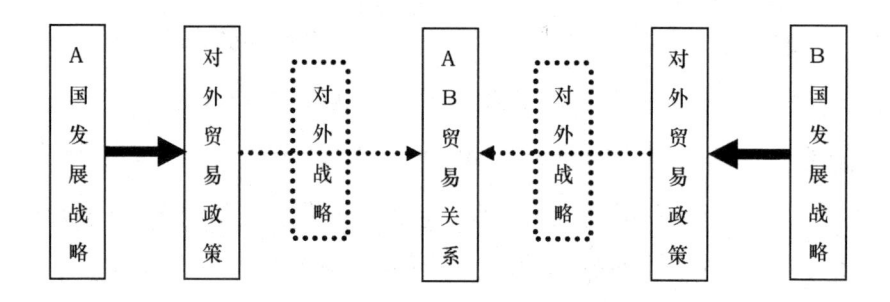

```
A国      对外    ┊对┊    A        ┊对┊    对外    B国
发展  →  贸易    ┊外┊    B   ←    ┊外┊    贸易    发展
战略     政策    ┊战┊    贸易     ┊战┊    政策    战略
                 ┊略┊    关系     ┊略┊
                                  
```

图 2—1　双边贸易关系之静态分析框架

在明确了上述概念之间的关系以及理论建构的思路后,我们可以据此建立起本书的基本解释框架。如图 2—1 所示,本书将自变量确定为两个国家的发展战略,因变量是双边贸易关系,对外战略是干预变量,所要解释的变量关系为发展战略与贸易关系,即将回答的基本命题是发展战略到底是导致双边贸易关系停滞还是发展。

---

① Marshall, Alfred, *The Pure Theory of Foreign Trade: The Pure Theory of Domestic Values*, New Jersey: A. M. Kelley, 1974, p. 1.

二、双边贸易关系之动态分析框架

"理论是对现象的系统反映,以便解释各种现象",① 但在建构理论的过程中,"要将现实加以抽象,撇开大部分所见所感的现实",② 理论的特性决定了它只能反映部分现实,而非现实的完整再现。面对理论与现实的两难困境,国际关系理论研究学者的惯用解决方法是:在未来研究中采取多维度、多视角的方法研究世界政治,"首先追求简约,然后向理论中融入复杂性","将更大的复杂性融入到一个起初内容贫乏的理论结构中去"。③

"所有的理论都拥有源于时间和空间定位的独特视角。"④ 本书进行双边关系研究时,将在一个简约的双边贸易关系静态解释模式的基础上添加时间和空间的内容,形成双边贸易的动态框架。

"传统意义上的外交政策分析都是考虑具体国家在特定情势下的政策问题。所关注的主体单一,时间有限。"⑤ 本书将立足于不同时

---

① [美]詹姆斯·多尔蒂、小罗伯特·普法尔茨格拉夫著,阎学通、陈寒溪等译:《争论中的国际关系理论》(第五版),世界知识出版社2003年版,第18页。

② Kenneth Waltz, *Theory of International Politics*, Addison-Wesley Publishing Company, 1979, p. 68.

③ [美]罗伯特·O. 基欧汉:"世界政治理论:结构现实主义及其超越",[美]罗伯特·O. 基欧汉编,郭树勇译:《新现实主义及其批判》,北京大学出版社2002年版,第174页。

④ Robert W. Cox, "Social Forces, States and World Orders: Beyond International Relations Theory", *Journal of International Studies*, Vol. 10, No. 2, 1981, p. 128.

⑤ James N. Rosenau, "Comparative Foreign Policy: Fad, Fantasy, or Field?", *International Studies Quarterly*, Vol. 12, No. 3, September 1968, p. 298.

期的发展战略。之所以有这种假定,是因为发展战略是一个从内向到开放的政策连续体,在工业化的不同发展阶段,各国会采取不同的发展战略,发展战略在时间上会发生变化。同时,对外贸易总体政策也有自由与保护之分,进出口商品政策对进口和出口的激励与限制也各有侧重,两者会随着发展战略的变化而变化,并非固定不变。对外战略是主权国家对外部环境进行整体研判后所采取的对外政策和行动,随着时间的流逝,环境发生改变,对外战略也会发生变革。对外战略的变迁将影响国家与其他国家的亲疏程度,从而改变对外贸易国别政策。

新研究纲领用发展战略差异化的类别属性来解释对外贸易总体政策和进出口商品政策的动态变化,并引入对外战略的变化来分析国别贸易政策的变迁,从而解释双边贸易关系的时序轨迹。

比较对外政策研究一改传统外交决策研究的抽象个案研究方法,对个案和变量进行跨国比较研究,分析多个案例的异同。就方法论意义而言,比较外交政策的研究方法能够提高单一案例研究的有效性。本研究将批判性地借鉴比较对外政策的方法,比较两个发展中国的案例,"通过分析不止一个国家对外行为的异同,超越特定情况而达到更高的普遍解释高度"。[1]

新框架同时分析两国的发展战略和对外战略变化对双边贸易关系的作用,增加了对外政策的内容,比较不同国家的经济属性对贸易政策的影响,从而解释了双边贸易关系的空间结构变化。

---

[1] James N. Rosenau, "Comparative Foreign Policy: Fad, Fantasy, or Field?", *International Studies Quarterly*, Vol. 12, No. 3, September 1968, p. 308.

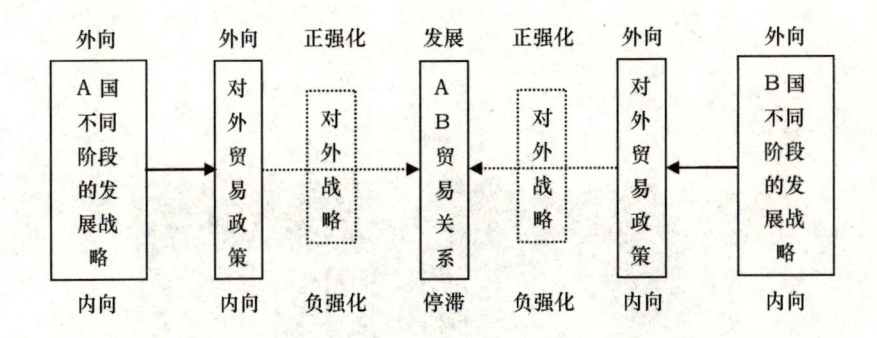

图 2—2　双边贸易关系之动态分析框架

在此时空二维内，如图 2—2 所示，在保持静态分析框架的自变量、因变量、干预变量的基础上，我们尝试着分析两个国家不同阶段的发展战略的变化，此时的命题变为不同阶段的发展战略与双边贸易关系发展状况：内向型的发展战略促使对外贸易政策日益保守，在对外战略负强化作用下，双边经贸关系就停滞或缓慢发展；外向型的发展战略导致开放或自由的对外贸易政策，在对外战略正强化作用下，双边关系发展迅速；否则，双边贸易关系介于上述两种状态之间。

第三章　中巴贸易关系停滞时期：新中国成立到60年代中期

从本章开始，笔者将选择中国和巴西这两个发展中国家，分四个时期来论证第二章提出的双边贸易解释框架。在时间区间的划分上，将综合考量发展战略和对外战略的阶段性特征，中国选取的是新中国成立到1966年，出于论证起点一致性的考量，巴西选择的是从1949年到军政府上台前。这种非均质的时间划分是为了兼顾两国发展进程的历史与对比研究的现实需要而进行的分析性划分（后续三章也将采用这种齿状划分方法）。

第一节将论述新中国成立后所实行的进口替代发展战略，以及由此产生的坚定内向型贸易政策，进而说明中国进出口商品类型和对外贸易地理方向分布。第二节将分析二战后巴西所实行的进口替代发展战略，以及这种战略所导致的一般内向型贸易政策，从而说明巴西进出口商品类型和对外贸易方向。第三节分别论述中国和巴西的对外战略。第四节将前三节的论述内容综合起来，先分析双方的对外战略如何影响各自的对外贸易总政策和进出口政策，认为双方进行对外贸易的可能性较小，然后解释各自的对外战略如何最终导致中巴贸易关系停滞。

◆ 第一节 中国极端的进口替代发展战略与坚定内向型贸易政策（1949—1965年）◆

一、极端的进口替代发展战略

20世纪50年代，中国实行极端的进口替代发展战略，[①]试图通过快速工业化来实现国家经济独立，如通过出口本国的农产品、纺织产品和轻工业品来进口工业化发展所急需的机器设备和相关技术。中国所实行的发展战略是一种封闭的内向型发展。

新中国之所以选择极端的进口替代发展战略，主要是建国后所实行的经济建设指导方针使然。独立自主、自力更生是中国进行社会主义建设的根本指导方针，新中国的对外贸易同样是在自力更生为主的建设方针指导下开展的。自力更生意味着"从国民经济发展需要和出口创汇的可能出发，安排进口"，积极进口国家需要的各种物资，在进口商品安排上，贯彻"保证重点，补助一般"的原则，优先保证国家建设的技术设备和重要物资的进口。在外贸计划和外汇安排上，实行"以出定进，进出平衡，瞻前顾后，留有余地"的原则，[②]主要通过发

[①] Nicholas R. Lardy, *Foreign Trade and Economic Reform in China, 1978–1990*, Cambridge University Press, 1993, p. 16.

[②] 《中国外贸体制改革的进程、效果与国际比较》课题组著：《中国外贸体制改革的进程、效果与国际比较》，对外经济贸易大学出版社2007年版，第7页。

挥本国的比较优势来扩大出口，通过"进口替代工业化追求更大的自给自足和独立地位"。①

中国的对外贸易长期处于一种辅助的从属地位，对外贸易的方针是"互通有无，调剂余缺"，即只有自己不能生产的才进口，自己生产有余的才出口，出口是为了进口国内工业化所急需的工业制成品和设备，对外贸易的政策目标就是通过出口来换取进口所需的外汇。对外贸易只是国内生产的简单延伸，只是被动地跟着国内生产走，而不能对国内生产发挥积极的促进作用。"对外贸易的主要作用是通过进口来弥补国内市场不足，在国家经济计划下，出口国内富足的产品。"②

新中国成立后，中国面临发展民族经济，争取国家独立的艰巨任务。在实行极端的进口替代发展战略时，为了实现经济独立，中国优先发展重工业，力争在较短的时间内恢复经济发展，为社会主义其他方面的建设奠定物质基础。

早在1949年9月29日，中国人民政治协商会议通过的《共同纲领》中便有明确规定："应以有计划有步骤地恢复和发展重工业为重点，例如矿业、钢铁业、动力工业、机器制造业、电器工业和主要化学工业等，以创立国家工业化的基础。"③ 1953—1957年实行

---

① ［英］休伯特·施米茨：《欠发达国家和地区的工业化战略：历史经验的若干教训》，［美］塞缪尔·亨廷顿等著：《现代化理论与历史经验的再探讨》，上海译文出版社1993年版，第433页。

② Weiguo Liu, *Reform of China's Foreign Trade Policy*, The Department of the Parliamentary Library, Research Paper, No. 19, 1995 – 96, 1995, p. 8.

③ 中央档案馆编：《中共中央文件选集第十八册（一九四九年一月至九月）》，中共中央党校出版社1992年版，第592页。

"一五"计划期间,中国集中力量建设以 156 个重点项目为骨干的重工业项目,包括冶金、交通、燃料、化工、钢铁、能源、机械制造等领域。1956 年,过渡时期总路线提出"赶英超美"战略,全国掀起了大力发展重工业的热潮。1958—1960 年,经济发展由"一五"时期以 156 项大型工程为中心调整为以钢为中心,片面发展重工业。国民经济发展中出现了忽视客观经济规律,工业生产上片面发展重工业,实行高指标、高积累的发展方式,国民经济比例严重失调,中国的经济发展完全以重工业为中心实行自我循环。

表 3—1 农业、轻工业、重工业总产值构成(按当年价格计算)

年份	占工农业总产值(%)		
	农业总产值	轻工业总产值	重工业总产值
1949	70.0	22.1	7.9
1952	56.9	27.8	15.3
1957	43.3	31.2	25.5
1960	21.8	26.1	52.1
1962	38.8	28.9	32.3
1965	37.3	32.3	30.4

资料来源:国家统计局工业交通物资统计司编:《1949—1984 年中国工业的发展统计资料》,中国统计出版社 1985 年版,第 5 页。1962 年数据来源于中华人民共和国国家统计局:《新中国 50 年系列分析报告》,http://www.stats.gov.cn/tjfx/ztfx/xzgwsnxlfxbg/t20020605_21419.htm。

从表 3—1 可以看出,轻工业总产值占工农业总产值的比重从 1949 年的 22.1% 上升到 1965 年的 32.3%,重工业总产值占工农业总产值的比重同期从 7.9% 提高到 30.4%。工业尤其是重工业在国民经济发展中的地位日益凸显,在 1960 年曾经一度达到 52.1%,造成国民经济发展比例严重失调。

二、坚定内向型贸易政策

"新中国成立后,中国政府迫切想建立现代化的工业化国家,发展战略决定了国家对对外贸易的控制。"[①] 1949 年 3 月召开的中国共产党七届二中全会确定了新中国"对内的节制资本和对外的统制贸易"的基本经济政策,[②] 为建立和发展新中国对外贸易指明了方向。1949 年 9 月 29 日,中国人民政治协商会议通过《中国人民政治协商会议共同纲领》(简称《共同纲领》),文件中明确规定:我国"实行对外贸易的管制,并采取贸易保护政策",[③] 清晰地表明了新中国对外贸易政策的保护倾向。此后,根据《共同纲领》第三十七条实行对外贸易管制并采用保护贸易政策的规定,政务院颁布《对外贸易管理暂行条例》及其实施细则,将《共同纲领》中的保护贸易政策予以具体化,[④] 由此奠定了社会主义中国对外贸易的基础。新中国所实施的保护贸易政策主要体现在贸易体制以及这种贸易体制在实

[①] Justin Yifu Lin, "Development Strategy, Viability, and Economic Convergence", *Economic Development and Cultural Change*, Vol. 51, No. 2, January 2003, p. 277.

[②]《毛泽东选集》第四卷,人民出版社 1991 年版,第 1433 页。

[③] 中央档案馆编:《中共中央文件选集第十八册(一九四九年一月至九月)》,中共中央党校出版社 1992 年版,第 592 页。

[④] 山东省人民政府办公室编印:《对外贸易管理暂行条例》,《山东政报》1950 年第 12 期,第 104 页。

行过程中所采用的具体政策措施上。

(一) 贸易体制

"对外贸易体制是指对外贸易的组织形式、机构设置、管理权限、经营分工和利益分配等制度,是外贸政策顺利实施的制度保证。"[1] 新中国成立后,废除了帝国主义在华的各种特权,没收国民政府和官僚资本的外资企业,建立了国营对外贸易企业,并逐步改造私营外贸企业。为了适应国家经济体制改革的要求,建立了以行政管理为主的对外贸易统制体制:在监管主体上,国家的对外贸易由外贸部统一领导和管理,各外贸公司统一经营,财务上由国家统收统支、统负盈亏。在经营主体方面,实行国家外贸总公司统一经营,即进出口权完全授予各外贸专业总公司及其所属的口岸分公司。在管理方式上,国家实行严格的出口收购制和进口调拨制。所有外贸公司的经营活动都受到主要来自上级行政管理机关的行政指标的控制,主要以指令性计划直接管理少数专业性贸易公司进行进出口,保持国际收支平衡和维持国内价格水平。[2]

(二) 实施措施

这种国家控制的对外贸易统制体制在对进出口实施管制的同时,实施高度集中的、以行政手段为主的、强制性的政策措施,主要通

---

[1] 王平、钱学锋著:《WTO与中国对外贸易》,武汉大学出版社2004年版,第105页。

[2] 这部分内容主要参见卜伟等编著:《国际贸易》,清华大学出版社、北京交通大学出版社2005年版,第349页。

过外汇和关税措施来对进出口活动进行调控。

1950年12月8日在政务院通过的《对外贸易管理暂行条例》曾经明确规定："凡货物进出口均须依结汇方式经营，但于必要时中央人民政府贸易部得指定若干种货品准许进出口厂商以易货或连锁贸易方式经营。"① 外贸公司的出口收汇统一结缴国家；所有与进出口有关的外汇业务由国家指定的中国银行统一经营；进出口需要用汇，由各级政府层层上报国家计委平衡后，下达进口用汇计划统一拨付。对外汇实行严格控制，进口所需的外汇必须申请额度并承担汇率高估的损失。1956年以后，中国对外贸易实行国家垄断制度，所有进出口业务由对外贸易部下属的外贸公司统一经营，中国的外汇实行计划管理制度。

为了推动封闭性发展战略模式的实现，在贸易政策上实行高关税政策。1950年1月，政务院通过《关于关税政策和海关工作的决定》，其中明确强调："在目前条件下，海关税则，必需保护国家生产，必需保护国内生产品与外国商品的竞争。"该文件还特别提出，"在国内能大量生产的或者暂时还不能大量生产但将来有发展可能的工业品及半制品，于进口同样的这些商品时，海关税率应规定高于该项商品的成本与我国同样货品的成本间之差额，以保护国家民族生产。在国内生产很少或者不能生产的生产设备器材、工业原料、农业机械、粮食种籽及肥料等，其税率要低或免征关税。""对于凡与中华人民共和国有贸易条约或协定的国家，应该规定一般的正常

---

① 山东省人民政府办公室编印：《对外贸易管理暂行条例》，《山东政报》1950年第12期，第104页。

的税率；对于凡与中华人民共和国没有贸易条约或协定关系的国家，要规定比一般较高的税率。""为了发展我国的出口货物的生产，对于经由中央人民政府所奖励的一切半制品及加工原料的输出，只定很低的税率或免税输出。"① 1951 年 5 月 4 日，国务院颁布的《中华人民共和国海关进出口税则暂行实施条例》中，将进口货物的税率分为普通税率和最低税率，②对于国家予以鼓励的商品出口征收最低税率。

（三）政策后果

表 3—2　1950—1965 年进出口总额（单位：亿美元）

年份	进出口总额	出口额	进口额	顺/逆差
1950	11.3	5.5	5.8	-0.3
1955	31.4	14.1	17.3	-3.2
1960	38.1	18.6	19.5	-0.9
1961	29.4	14.9	14.5	0.4
1962	26.6	14.9	11.7	3.2
1963	29.2	16.5	12.7	3.8
1964	34.7	19.2	15.5	3.7
1965	42.5	22.3	20.2	2.1

数据来源：国家统计局贸易外经统计司编：《中国对外经济统计年鉴 2003》，中国统计出版社 2003 年版，第 15 页。

---

① 《中央人民政府政务院关于关税政策和海关工作的决定》，《人民日报》1950 年 3 月 8 日，第 1 版。
② 《中华人民共和国海关进出口税则暂行实施条例》，《人民日报》1951 年 5 月 13 日，第 1 版。

从表3—2很容易看出，从新中国成立到1966年，中国的进出口总额较小，贸易规模不大：1953—1957年间，出口总额年均增加10.1%；1958—1965年，同期数据为1.6%；总体来看，增长速度缓慢，与外部世界的贸易联系不密切，处于较为封闭的状态。

解放初期，中国工业化建设处于起步阶段，技术水平落后，现有的工业能力还不能满足国民经济建设所必需的多种生产设备。从经济发展的阶段来看，中国仍然处于较为落后的阶段，还只是一个农业大国，出口商品主要是农副产品。随着工业生产的发展，轻纺织品出口量不断增加。进口商品绝大部分是机器设备、金属材料、化工原材料和化肥等国民经济发展所急需的各种生产资料。"进入60年代，我国的出口商品仍然以初级产品为主，比例仍然高达60%。"[1] 60年代末，因为对重工业发展过于关注，农业生产发展缓慢，粮食进口不断增加。[2]

第二个五年计划时期，由于指导思想上的失误，在对外贸易方面制定了超出实际国力的高指标。1959年对外贸易额猛增，比1957年增长了41.2%。紧接着出现了三年困难时期，加上中苏关系恶化，对外贸易连年大幅度下降。1962年对外贸易总额降至26.63亿美元，比1957年下降14.8%。从1959年到1962年出现了一次大起大落。1962年以后，贯彻了中央提出的调整方针，对外贸易从以对苏联贸易为主转变为以对西方国家贸易为主。[3]

---

[1] 李钢："新中国外经贸发展六十年（1949—2009）"，《对外经贸实务》2009年第10期，第5页。

[2] 进出口详细内容及其比例参见国家统计局编：《光辉的三十五年统计资料（1949—1984）》，中国统计出版社1984年版，第125—126页。

[3] 陈源、高玲珍编著：《国际贸易》，北京大学出版社1994年版，第327页。

第二节 巴西进口替代发展战略与一般内向型贸易政策（1949—1963年）

一、进口替代发展战略

1929年世界经济危机后，巴西传统外向型经济所依赖的外部市场遭到严重破坏。1930年10月瓦格斯上台，巴西从此进入新的工业化发展战略，开始实施内向型进口替代工业化发展战略。第二次世界大战期间，外部供给的减少，增加了国内市场对本国产品的需要，客观上加快了巴西的工业化进程。二战后，巴西探索实行进口替代发展战略，保护民族工业。

（一）思想渊源

巴西实行的保护贸易政策的基本理论依据是发展主义关于外围国家贸易条件长期恶化理论。拉美经委会经济学家劳尔·普雷维什在20世纪30—40年代提出了"中心—外围"的发展问题，并从"中心—外围"提炼出发展主义，"从宏观的角度用技术说明拉美国家的外部和内部的二元结构"，[①] 在此基础上提出贸易条件恶化理论。该理论认为，外围国家因为贸易条件长期恶化，不可能通过国家贸易获利。同时指出，处在外围的发展中国家只有通过进口替代

[①] 高君戍："评拉美发展主义的经济理论及其实践"，《拉丁美洲研究》1985年第2期，第41页。

和改变出口结构才能改变被剥削的不合理经济结构，只有这样才能摆脱不发达状态和依附地位。

"拉美发展主义提出的进口替代化发展战略是二战后巴西工业化全面推进的指导思想。"① 为了保护国内消费品工业及其设备工业发展，巴西实行鼓励本国生产，减少进口的多项政策和措施，以此来扶持新兴民族工业的发展，促进经济增长。

(二) 战略重点

巴西在这一时期实行进口替代发展战略时并非是全面展开，而是选择重点领域，有的放矢地实行：在商品消费市场的选择上，倾向于满足国内市场；在行业发展的选择上，重点发展重工业。

1. 市场重点

巴西实行的进口替代发展战略缺乏对出口的刺激，导致巴西的工业发展方向过于偏向国内市场。这种进口替代是以国内市场上生产的同类产品取代从国际市场进口的同类产品。由早期经济发展依赖出口转向国内市场，通过国内市场来自给自足地发展本国工业，经济运行日益走向内向、封闭的发展方向。

二战期间，巴西传统的外向型经济受到严重制约，进出口受阻，国际收支恶化，巴西被迫对其传统发展战略进行根本性变革，依靠本国力量和市场来替代一部分普通消费品的进口，以减轻国内市场需求对进口的压力。巴西经济发展的重点集中在国内市场，将国内

---

① 吴洪英："巴西现代化实质刍议"，《拉丁美洲研究》2003 年第 5 期，第 14、15 页。

市场作为推动经济发展的动力,通过建立"进口替代"的国内工业较少受到国外经济力量的干扰,对外依赖的程度相对较小。①"这一时期进口替代最明显和最直接的效果是巴西进口占国内生产总值的比重从 1950—1952 年的 15.7% 下降到 1964—1966 年的 4.8%。"②

2. 产业重点

战后,巴西的进口替代逐渐从战前的日用消费品转向资本品和中间产品,将经济发展重点发生转移,重工业取代轻工业成为优先发展的对象。巴西建立起一系列新兴工业部门,如钢铁、汽车、造船、石油化工、电子和航天等。

1946 年,杜特拉执政后,基本放弃了国家对经济的干预,放松了外汇管制,取消了出口限制,力图以此来鼓励私人投资,满足国内需求,此举消耗了大量的外汇储备。1951 年,瓦加斯重新执政,强调通过工业化摆脱巴西的依附地位,采取切实有效的政策保护民族工业的发展,通过国家的积极干预来推动工业化发展。他再次提出加速工业化进程,大力发展民族经济,兴建了许多重工业企业,重点发展重工业和耐用消费品工业。瓦加斯政府时期先后制定了《1940—1945 年兴建公共工程与加强国防建设 5 年计划》以及《1950—1954 年索尔特计划》,初步实行经济有计划发展。

如果说瓦加斯总统开始了巴西的进口替代发展战略进程的话,

---

① [美] 斯·罗博克著,唐振彬等译:《巴西经济发展研究》,上海译文出版社 1980 年版,第 66 页。
② 联合国拉丁美洲经济委员会:《跨入 80 年代的拉丁美洲》,1979 年 11 月,第 24 页,转引自陈舜英等著:《经济发展与通货膨胀——拉丁美洲的理论和实践》,中国财政经济出版社 1990 年版,第 22 页。

那么库比契克总统则深化了进口替代战略。在其执政伊始,发展就成为巴西全国最优先考虑的问题。[①] 该政府于 1956 年制定了著名的目标计划(O Plano de Metas),出台了包含 30 多个项目的《五年发展纲要》,提出"五年相当于 50 年"的口号,计划在五年内实现 50 年的发展。为了消除经济发展的障碍,库比契克政府重点发展"增长点"工业,如能源、交通、基础设施建设、钢铁等其他基础工业,以及汽车、造船、炼铝和机械等新兴工业。库比契克政府制定了全国发展纲要计划,优先发展基础设施工业、动力、运输和基础设施部门,并于 1956—1960 年实施了第一个全国交通运输发展计划,为工业化提供了良好的交通运输条件。

二、一般内向型贸易政策

(一)贸易政策

"进口替代发展战略所实行的政策寻求在受到保护的环境中发展工业。"[②] 巴西政府实行的贸易保护政策是伴随着进口替代工业化同时出现的,20 世纪 30 年代的大危机促进当时的瓦加斯政府采取鼓励资本向工业转移和对工业实行贸易保护的政策。为了实现民族工业的发展,摆脱对发达国家的依附,从 50 年代开始,巴西政府开始实施进口

---

① [美]斯·罗博克著,唐振彬等译:《巴西经济发展研究》,上海译文出版社 1980 年版,第 47 页。
② Patrice M. Franko, *The Puzzle of Latin American Economic Development*, Rowman & Littlefield Publishers, 2007, p. 56.

替代发展战略,实行保护国内市场,限制进口反对出口的贸易政策。

二战后,巴西的出口整体上处于停滞状态,出现这种现象的主要原因是巴西政府受"可出口盈余"理念的影响,实行歧视出口的政策。该理念认为,一国只有在国内市场需求充分满足后,其剩余的产品才出口。这一政策歧视工业制成品出口,通过限制出口优先满足国内市场。"可出口盈余"(exportable surplus)成为二战后初期指导巴西对外贸易政策的基本原则。出口停滞导致巴西实行自给自足的发展,[1] 国内市场成为决定工业增长的最重要因素。

巴西的贸易政策基本上是被管理的贸易保护主义,[2] 受政府政策的影响明显。为了贯彻进口替代发展战略,实施保护贸易政策,巴西政府采取了一系列措施来落实这一战略和政策。

瓦加斯政府建立国家管理外汇制度,执行"外汇充公"政策。1931年,瓦加斯政府颁布命令,"禁止一切被认为处于生产过剩状态的工业部门的设备进口",并把进口税率提高到商品价值的20%。[3] 库比契克政府时期,为了完成工业化规划,于1957实行新的税法,对外汇管理体制进行改革,实行从价关税体系。国内商品名义税率从60%升至150%,国外商品名义税率从0升至10%,[4] 扩

---

[1] Nathaniel Leff, "Export Stagnation and Autarkic Development inBrazil, 1947–1962", *Quarterly Journal of Economics*, Vol. 71, No. 3, May 1967, pp. 286–301.

[2] J. F. Hornbeck, "Brazilian Trade Policy and the United States", CRS Report for Congress, Order Code RL33258, February 3, 2006. p. 7.

[3] 苏振兴、徐文渊主编:《拉丁美洲国家经济发展战略研究》,北京大学出版社1987年版,第82页。

[4] Jose L. Carvalho, Claudio L. S. Haddad, "Foreign Trade Strategies and Employment in Brazil", in Anne O. Krueger, Hal B. Lary, Terry Monson, and Narongchai Akrasanee, eds. *Trade and Employment in Developing Countries*, 1: *Individual Studies*, University of Chicago Press, 1998. p. 34.

大对国内工业的保护范围。同时成立关税政策委员会（Conselho de Política Aduaneira），赋予该委员会确定进口商品的类别并确定关税税率的绝对权力，或者使用"同类禁止法"来禁止国内能够生产的商品进口。实行多种附加税，如贷款业务税、金融交易税、港口改造税、海运改造附加税等。① 这些举措使得巴西通过较高的贸易壁垒来促进国内制造业的发展。

战争结束后不久，巴西即面临国际收支困境。为了应对进口需求增加导致的外汇减少的危机，1949年前后，巴西执行"禁止同类产品进口规定"，禁止进口国内已有代替品的国外产品。1951年，瓦加斯政府建立进口许可证制度，有意保护国内工业，鼓励新兴工业部门的发展，优先进口工业必需品，如能源和机器，反对进口消费品。1953年，进口数量管制办法被多种汇率制所代替，随后又在1957年被高关税保护制所采纳，这一系列保护性措施对工业发展起到巨大的刺激作用。巴西长期实行"反出口"的政策，补贴以国内消费为目的的工业生产，不仅不补贴面向出口的工业生产，还对工业设备进口进行补贴。②

1951年，瓦加斯再次执政，实行民族主义的经济政策，建立国家经济发展银行，颁布反对利润汇出法，将外资的利润汇出控制在10%以内。除此之外，高估本国货币价值也成为战后巴西重要的经

---

① Eliana Cardoso, "A Brid History of Tade Polices in Brazil: From ISI, Export Promotion and Import Liberalization Multilateral and Regional Agreements", Paper prepared for the conference on "The Political Economy of Trade Policy in the BRICS", New Orleans, March 27 – 28, 2009, p. 7.

② 苏振兴、袁东振著：《发展模式与社会冲突：拉美国家社会问题透视》，当代世界出版社2001年版，第80—81页。

济政策。直到1953年，"巴西颁布外汇法案并实行更具弹性的多重汇率体系，税率品种多达12种，出口商品使用四种不同的固定汇率，其中制成品汇率最优惠，咖啡汇率最差，允许进口的商品使用固定汇率，其他商品使用的五种汇率由外汇拍卖决定，金融交易使用另外一种汇率"。①通过外汇控制的方法来有选择地进口机器设备，限制消费品进口，保护国内工业部门。

二战后，巴西政府限制外资利润汇出，严重制约了外资自由流入。杜特拉政府没有采取实质举措吸引外资。库比契克政府为了解决国内建设资金不足的问题，修改了瓦加斯政府制定的外资政策，放松对外资的限制。大量吸引外资，放宽机器设备与技术进口限制，鼓励外资企业在巴西投产，积极发展与西欧、日本的经济合作。继续实行卡洛斯·卢斯临时政府在1955年颁布的吸引外资的第113号指令。放宽对机器设备与技术进口的限制，允许外资进口成套设备，规定将之作为注册资本。1962年，古拉特政府实行利润汇出限制，采取有力的保护主义措施，严格限制外国投资，使得同时期内工业化进程表现出较强的民族化和国有化的趋势。

除了上述各种政策措施外，还设立相应的政府部门来保证政策贯彻实施。20世纪50年代初，瓦加斯政府加强国家对经济的干预，成立"全国经济开发银行"、"东北部银行"和其他国营企业，对石油实行国有化，鼓励本国企业发展。1956年1月库比契克上台执政后，旋即成立全国发展委员会，并由该会制定了《发展纲要》（Pla-

---

① 江时学："拉美进口替代工业化发展模式的演变"，《拉丁美洲研究》1996年第4期，第9页。

no de Metas），通过这些计划来发展本国工业。

（二）政策后果

20世纪50年代，巴西已经建立起较为强大的国有经济部门，国内市场得到一定程度的开发，工业化发展速度较快。但巴西的出口仍是以咖啡为主的农产品，自然资源性产品是巴西制成品出口的主要类型。1953—1962年，这一比例达到90%。[1] 1960年，咖啡、可可、棉花、蔗糖四种农产品出口值占巴西出口总值的72.1%，制成品仅占2.9%。随着工业化的深入发展，巴西需要大量引进技术和资本，虽然消费品减少，但中间产品和资本货物增加，更依赖进口国外技术和资本，1960年巴西中间产品和机器设备的进口占总进口的60%以上。[2]

巴西这一时期主要是内向型的增长，进口每年增加不到1.7%，每年出口减少1.2%。[3] 巴西进口的趋势和结构直接反映了它的工业化动向：从1948年到1961年，随着国内生产的发展，制成品特别是耐用消费品的进口减少同时，原料尤其是燃料和润滑油的进口增加，以满足工业化的发展需要。[4]

---

[1] Renato P. Colistete, "Revisiting Import-Substituting Industrialization in Brazil: Productivity Growth and Technological Learning in the Post-War Years", Conference on "Latin America, Globalization, and Economic History", 24th and 25th of April 2009, UCLA. p. 16.
[2] 韩琦主编：《世界现代化进程：拉美卷》，江苏人民出版社2010年版，第61页。
[3] Armando Castelar Pinheiro, Indermit S. Gill, Luis Servén & Mark Roland Thomas, "Brazilian Economic Growth, 1900 – 2000: Lessons and Policy Implications", Inter-American Development Bank, May 2004, p. 19.
[4] [美]斯·罗博克著，唐振彬等译：《巴西经济发展研究》，上海译文出版社1980年版，第163页。

进口替代发展战略并未使巴西自给自足,仅仅是改变了它与其他国家的贸易联系。[1] 战后,巴西对外贸易在地区分布上总的趋势是市场日益扩大,与发达国家的贸易所占比重逐步下降,与发展中国家的贸易往来增加,[2] 对外贸易的地理范围得以扩大。

进口替代发展战略强调高汇率、限制进口并提高关税,这些政策最终导致巴西形成内向型的经济体制,出现了反出口、价格扭曲等消极后果。20世纪60年代初期,巴西经济出现衰退迹象,"贸易壁垒形成了以低附加值出口支撑高附加值进口的贸易格局,进出口贸易长期处于赤字状态"。[3] 巴西财政状况不断恶化,经济增长速度减慢,政局动荡,最终导致军事政变。

◆ 第三节 中国"一边倒"、"两面开弓"与巴西追随美国 ◆

中国和巴西的对外战略对于塑造本国的国别贸易政策起到重要作用,对外战略的发展变化引起对外贸易国别政策改变,最终促成各国针对不同对象的差异化贸易政策。

---

[1] Werner Baer, "Industrialization in Latin America: Successes and Failures", *The Journal of Economic Education*, Vol. 15, No. 2, Spring, 1984, p. 127.
[2] 苏振兴等著:《巴西经济》,人民出版社1983年版,第158页。
[3] 岳云霞:"拉美外向型发展模式的经济与社会成效研究",《拉丁美洲研究》2009年第5期,第23页。

一、"一边倒"、"两面开弓"

二战结束后,美国和苏联因为意识形态方面的差异,开始了冷战对峙。1949年以来,尤其是朝鲜战争爆发后,以美国为首的资本主义阵营对中国实施包围与封锁,在经济上采取严厉的制裁措施,中国面临严峻的外部安全环境。苏联作为社会主义大国,对新中国给予极大的支持。在这样的外部环境下,从新中国成立到50年代末,中国实行"一边倒"的对外战略,中苏结成同盟,联苏抗美,站在社会主义阵营中,对外关系表现出强烈的革命性和意识形态化特征。①

20世纪50年代,"一边倒"的对外战略选择决定了中国对外关系的发展对象。新中国为了发展民族工业,与苏联为首的社会主义阵营国家实行对外贸易,为经济发展争取宝贵的外部资源。20世纪50年代,中国的主要贸易对象是苏联和东欧国家。早在1949年2月16日,中共中央就指出:"应优先从苏联和新民主国家发展进出口货物,然后才是西方国家,由此确定了中国对外贸易的基本方针。"② 建国后,中苏两国于1950年、1953年和1954年先后签订相关协议,苏联承诺向中国援建156个项目。"从苏联引进的成套设备项目中,重工业占97%,主要是基础工业和国防工业项目。"③ 1949—1957年间,苏联提供了中国所需的绝大多数机器设备和相关

---

① 杨光斌、李月军等著:《中国国内政治经济与对外关系》,中国人民大学出版社2007年版,第3页。
② 中央档案馆编:《中共中央文件选集》第18册,中共中央党校出版社1992年版,第136页。
③ 吴景平、徐思彦主编:《1950年代的中国》,复旦大学出版社2006年版,第85页。

技术。"50年代,苏联一直是我国的最大贸易伙伴。1950年,对苏贸易额占我国外贸总额的31%,从1956年至1960年,对苏贸易额在我国外贸总额中一直占50%以上。"① 但当时发展对外贸易的指导思想是"互通有无,调剂余缺",通过对外贸易手段,促进国民经济实物构成的改变,调节经济比例关系,致使对外贸易金额并不大。

此阶段的贸易对象较为有限,对外贸易总政策、具体政策与国别贸易政策达到高度统一,中国主要是接受苏联的对外援助项目,发展有关国民经济命脉的重工业,以及涉及国防安全的军事工业。

进入20世纪60年代后,苏联在世界范围内实行扩张政策,推行大国沙文主义,中苏两党关系出现分歧,并不断恶化,最终影响到两国关系。中国外部环境日益恶化,同时面对两个超级大国的威胁,实行"反帝反修"的对外战略,既反对苏联的大国沙文主义,又反对美帝国主义,对外政策上"两面开弓",对外环境进一步恶化,形势极为严峻。在实行"两个拳头打人"时,"中国选择了关注发展中国家来提高意识形态和政治影响力"。② 1963年,毛泽东提出"两个中间地带"理论,认为"亚洲、非洲、拉丁美洲是第一个中间地带,欧洲、北美加拿大、大洋洲和日本是第二个中间地带"。③ 随着60年代中苏纷争日益扩大,中国对外贸易逐步转移到欧洲和亚非拉国家。

20世纪60年代中苏关系恶化最终破裂,苏联撕毁援助合作协议后,中苏贸易日益减少,与其他社会主义国家间的贸易锐减。中国

---

① 陈源、高玲珍编著:《国际贸易》,北京大学出版社1994年版,第365页。
② Joshua Eisenman, Eric Heginbotham, and Derek Mitchell. ed., *China and the Developing World: Beijing's Strategy for the Twentyfirst Century*, M. E. Sharpe, Inc., 2007, p. 4.
③ 中华人民共和国外交部、中共中央文献研究室编:《毛泽东外交文选》,中央文献出版社、世界知识出版社1994年版,第506—509页。

对外贸易的地理方向发生了重大变化,进出口由苏联和东欧国家转向发达资本主义国家和第三世界国家,西欧国家和日本成为中国主要的进出口贸易伙伴,与日本和西欧的贸易关系取得了突破性进展。从1960年起,为适应国际形势的变化和克服国内经济困难,我们开始把贸易重点转向西方资本主义国家,从那里进口了大量粮食、糖、化肥等支援国内市场和农业生产的重要物资,以及成套设备和制造技术。1962年从日本引进第一套维尼纶生产设备,又先后从西欧国家引进了石油、化工、冶金、矿山、电子和精密机械等方面的设备和技术共84项。到60年代中期,中国与西方国家的贸易已占对外贸易总额的52%以上,此后。这一比重还在逐年增加。与此同时,与广大发展中国家的贸易关系也取得了进一步的发展,对港澳地区的贸易进一步发展。到60年代末,中国已与世界上100多个国家建立了经贸关系。①

表3—3 1950—1965年中国的对外贸易（单位：百万美元）

年份	贸易总量	与社会主义国家贸易	与资本主义国家贸易
1950	1210	350	860
1951	1900	980	920
1952	1890	1315	575
1953	2295	1565	740
1954	2350	1735	615
1955	3035	2250	785
1956	3120	2056	1065

---

① 李钢:"新中国外经贸发展六十年（1949—2009）",《对外经贸实务》2009年第10期,第5页。

续表

年份	贸易总量	与社会主义国家贸易	与资本主义国家贸易
1957	3055	1965	1090
1958	3765	2380	1385
1959	4290	2980	1310
1960	3990	2620	1370
1961	3015	1680	1335
1962	2670	1405	1265
1963	2775	1250	1525
1964	3220	1000	2120
1965	3880	1165	2715

数据来源：Gene T. Hsiao, *The Foreign Trade of China: Policy, Law, and Practice*, Loa Angeles: University of California Press, 1977, p. 12.

"互通有无，根据平等互利的原则同外国做买卖"是新中国的外交方针之一。在美国对中国进行禁运的情况下，实行以货易货，不用结汇，力图打破这种禁运。① 虽然中国在关注欧洲和日本的同时，也同亚非拉国家平等地发展贸易关系，但因为建交的数量较少，政治关系还有待深化，贸易往来尚不密切，所以中国与这些国家的贸易数量较小。

二、追随美国

自巴西联邦共和国成立至第二次世界大战前，巴西对外关系主

---

① 中华人民共和国外交部、中共中央文献研究室编：《周恩来外交文选》，中央文献出版社1990年版，第51页。

要关注的是周边外交,以及与美国结盟,支持门罗主义。美国是第一个承认巴西独立的国家,巴西独立时,便效仿美国的宪法制定了第一部宪法,实行联邦制,长期与美国自动结盟。

巴西的独裁者热图利奥·瓦加斯的政策是反轴心国的,多年来同美国保持紧密关系一直是巴西对外政策中的主要目标之一。[①] 瓦加斯执政时期(1930—1945年),巴西奉行亲美政策。[②] 经历二战后,巴西对美国的依赖进一步加深。巴西加速了工业化进程,在资金、技术等方面有求于美国,美国取代英国成为巴西的第一贸易伙伴国:美国占巴西出口市场的45%,欧洲在巴西的出口中略低于30%。[③] 1952年巴西与美国签订《巴美军事协定》,成为军事同盟,美国还根据与巴西签订的其他军事协定,派军事代表团协助巴西加强防务,在巴西设立军事基地,并由巴西向美国供应多种战略原料。[④] 冷战期间,美国对巴西的援助极其重要。1953年,美国改变第三世界国家的政策,杜鲁门总统迫使这些国家在朝鲜战争开始后,确定它们对共产主义国家的关系。在美国的压力和影响下,巴西在东西方对峙中选择站在美国一边,对外政策上完全追随美国,赞成美国的"泛美主义"和对朝鲜的侵略;阻扰中国进入联合国,[⑤] 同台湾当局保持所谓的"外交关系"。由于受到《泛美互助条约》和美巴双边军

---

① [英]阿诺德·汤因比、维罗尼卡·M. 汤因比编著:《大战和中立国》,上海译文出版社2007年版,第168页。
② 张宝宇等编著:《巴西》,上海辞书出版社1983年版,第70页。
③ Marcelo de Paiva Abreu, *The Brazilian Economy, 1928 - 1980*, (First Draft) Texto Para Discussao, Novembro, 2000. p. 73.
④ 张宝宇等编著:《巴西》,上海辞书出版社1983年版,第71页。
⑤ 中央人民政府对外贸易部编印:《资本主义国家政治经济参考资料》,中央人民政府对外贸易部1953年版,第64页。

事协定的制约，巴西被美国纳入其全球战略体系之中，外交政策具有浓厚的意识形态色彩。

1960年，夸德罗斯执政后，在对外政策上并未一味地尊崇美国，表现出一定的独立性。古巴革命后，巴西抵挡住美国的压力，与古巴建立外交关系，并于1961年8月13—23日派出巴西副总统古拉特率领贸易代表团访问中国，促使中国人民银行和巴西银行签订支付和贸易协定。古拉特当选总统后，继续实行上届政府的对外政策，实行独立外交政策，继续同古巴保持外交关系，与苏联复交，与社会主义国家交往，发展与苏联和东欧国家的经济关系。[①]

二战后，巴西与美国通过一系列的协定强化了传统的盟友关系，在对外战略上追随美国，巴西对外行为严重受制于美国。夸德罗斯和古拉特政府时期，巴西的对外政策表现出一定程度的独立性，发展与社会主义阵营关系。

冷战对峙导致苏美两国在全球对抗，面对严峻的外部安全环境，中国实行"一边倒"战略，站在以苏联为首的社会主义阵营一边，与以美国为首的资本主义阵营联系较少。进入20世纪60年代后，随着与苏联关系的恶化，中国实行"两面开弓"的对外战略，既反美也反苏，开始从战略上重视发展中国家在反霸斗争中的作用。二战后，巴西仍然实行与美国自动结盟的外交传统，巴西被纳入到美国的全球势力范围中去，很长时间内与社会主义阵营的联系较少。进入60年代后，巴西政府在对外战略上与美国保持一定的距离，开

[①] 韩琦主编：《世界现代化进程：拉美卷》，江苏人民出版社2010年版，第65页。

始与社会主义国家建立外交联系。在中巴对外战略作用下，两国在战后很长时间内没有官方联系，虽然巴西副总统曾经访华，但彼此并非对方的战略重点，双边政治关系还有待深化。

◆ 第四节　中巴封闭发展、彼此疏远与双边贸易停滞 ◆

一、内向型发展战略

新中国成立后，为了恢复经济，摆脱贫困落后的面貌，实行优先发展重工业的进口替代发展战略，集中国家的资源，扶持涉及到国民经济命脉和国防安全的重工业部门。为了进口这些部门所需的机器设备和技术，出口国内的农副产品。进口替代发展战略决定了中国必将实行保护贸易政策，通过一系列的政策和手段来促进重工业的发展。同时，这一发展战略也决定了中国需要向工业实力强大、技术先进的国家进口重工业发展所需而国内不能生产的物资。进口替代发展战略决定了中国对外贸易的趋势和商品内容，由此看来，这一时期的发展战略决定了中国对外贸易总体政策和进出口商品政策。

长久以来，巴西都实行外向型发展，依赖初级产品出口。二战爆发后，因为交通运输中断，外部市场不复存在，为了摆脱国际分工中的外围地位，巴西转变经济发展方式，实行进口替代发展战略，重点发展重工业，力争实现民族经济的独立。进口替代发展战略使得巴西在工业化过程中主要面向国内市场，对新兴产业进行保护。为此，政府采取税收、外汇和外资等措施对进出口予以调控，鼓励进口，反对出口。这样的内向型发展战略导致巴西的对外贸易主要依赖于原料和初级产品的出口，进口工业设备，引进先进技术。美国庞大的国内市场是巴西出口产品的主要销售市场，雄厚的科技实力又使得美国同时还是巴西工业设备和先进技术的重要来源地。在二战期间，美国几乎完全垄断了巴西的进出口贸易。直至50年代初，美国与巴西的贸易在巴西进出口贸易总额中仍占40%—50%。[1] 20 世纪 50 年代，美国是巴西最大的进口来源国，巴西 1/3 的进口来自美国。[2] 进口替代发展战略决定了巴西贸易政策的趋势和贸易商品结构，从而决定了巴西对外贸易总政策和进出口商品政策，最终促进了巴西和美国的贸易关系发展。

中国和巴西都实行进口替代发展战略，这决定了两国的市场方向相同。进口替代战略的关键在于通过贸易体制、税收、外汇以及外资等措施来保护国内制造业的发展，在很大程度上断绝了与世界贸易的联系。进口替代发展战略要求政府实行贸易保护政策，以保护国内市场发展。内向型的发展导致中巴双方关注本国市场，通过具体措施来保护本国的新兴工业，经济发展缺乏对外拓展的动力，与国际市场的联系较少。中巴发展战略的内向性特征，导致两国经济朝着国内市场导向的方向发展，对外贸易总政策相同，各自处于相对封闭的状态。

中国和巴西所选择的进口替代发展战略对技术先进的制造业部门有利，能够引导本国特定行业的发展，是一种基于特定部门的发

---

[1] 张宝宇等编著：《巴西》，上海辞书出版社 1983 年版，第 167 页。
[2] Marcelo de Paiva Abreu, *The Brazilian Economy, 1928 – 1980*, (First Draft) Texto Para Discussao, Novembro, 2000. p. 60.

展方式。① 新中国成立后，由于生产力水平低下，主要通过出口农产品来换取外汇，进口国内急需的工业设备，优先发展重工业。贸易流向是出口农产品，进口制成品。巴西也是实行内向型进口替代发展战略，也是主要通过出口农产品以及吸引外资来为工业化发展积累资金，同时还需要引进国外先进的技术发展本国经济，重点发展重工业。贸易流向也是出口农产品，进口制成品。中巴两国贸易流向相同，进出口商品结构相似，进出口商品政策相同，不具有贸易互补性。

总而言之，中国和巴西所选择的发展战略决定了两国对外贸易总体政策和进出口商品政策一致，两国进行对外贸易的互补性不足，缺乏经济拓展动力。

二、相互疏远的对外战略

二战后，美国日益采取敌视中国的态度。政治上，孤立中国，将中国排斥在联合国之外；军事上，对中国实施战略包围；经济上，在1950年操纵巴黎统筹委员会对中国实施全面的禁运。面对美国企图扼杀新生的中国的局面，苏联和社会主义国家为新中国提供了大量的援助，帮助中国发展经济。在冷战对抗的特殊年代，中国政府在对外战略上选择站在社会主义国家一边，与苏联和东欧国家进行贸易往来。

"新中国成立后，苏联及东欧国家在中国对外贸易关系中的重要

---

① Mauro Rodrigues, "Import Substitution and Economic Growth", *Journal of Monetary Economics*, Vol. 57, No. 4, January 2010, p. 176.

性不仅仅是因为这些国家能够满足中国经济发展的需要,而是因为中国与这些国家的政治关系密切。这一时期的外交而非经济因素决定了中国对外贸易状况。"① 20 世纪 50 年代初期,中国先后与苏联和东欧国家签订了长期贸易协定,这些国家是中国的主要贸易对象。"中苏贸易在 1950—1959 年间占我国贸易总额的比重从 29.8% 上升到 48%。"② 整个 20 世纪 50 年代,中国的对外经济基本上只局限于苏联、东欧国家,贸易格局如同对外战略一般呈现出"一边倒"的态势。1960 年中苏关系恶化后,中国与苏联及东欧国家的贸易急剧下降,中国对外贸易开始转向欧洲国家。

对外战略决定了中国对外贸易的方向,从而在根本上决定了中国对外贸易的地理分布,在世界范围呈现出差异化的国别贸易政策。在倒向苏联时,中国的对外贸易对象是苏联及其东欧国家,采取多种措施发展与这些国家的贸易关系;当中苏关系恶化后,中国改善与欧洲国家的关系,贸易对象转向欧洲国家,从这些国家进口成套设备以及粮食。

战后,巴西面临的主要外部脆弱性来自经济方面,外交政策一直带有较强的发展主义取向。巴西政府外交政策目标与国家经济发展紧密结合起来,外交政策的核心内容受到当前经济模式的塑造,外交政策的演进与经济模式的发展变化有关。③ 对外政策成为进口替

---

① Gene T. Hsiao, *The Foreign Trade of China*: *Policy*, *Law*, *and Practice*, Loa Angeles: University of California Press, 1977, p. 29.
② 朱立南著:《中国对外贸易》,首都师范大学出版社 1994 年版,第 27 页。
③ Mari Regina Soares de Lima & Monica Hirst, "Brazil as a Intermediate State and Regional Power: Action, Choice and Responsibilities", *International Affairs*, Vol. 82, No. 1, 2006, pp. 22 – 23.

代发展战略的重要工具。巴西在进口替代模式期间，外交政策保持了连贯性和稳定性。发展战略决定了美国而非中国才应是巴西对外战略的重点。

冷战开始后，美苏对峙，美国出于意识形态方面的考虑对中国实施遏制，要求其他盟国予以遵守。二战后，巴西被美国纳入其全球体系之中，巴西在国际问题领域大都对美国亦步亦趋。巴西跟随美国在 1949 年与新中国断交，并于 1952 年在台北设立"使馆"。虽然国内有识之士呼吁巴西政府建立与中苏的外交和贸易关系，但对外战略选择造成巴西长时间内与中国仅保持着民间往来，没有开启官方外交关系，中巴之间仅有少许民间货物贸易。20 世纪 60 年代，在雅尼奥·夸德罗斯和若奥·古拉特政府期间，美巴分歧加大，巴西实行"红色外交"，密切与苏联的关系，并致力于扩大与中国的经济和文化交流。[①] 虽然在 1961 年 8 月 13—24 日，巴西副总统古拉特率领贸易代表团访问中国，中国人民银行和巴西银行签订了支付和贸易协定，但中巴贸易关系始终保持在民间贸易范围内，数额低。

三、中巴贸易关系停滞

第二次世界大战后，在经济上，美国是巴西最大的投资来源国和最大的出口市场，巴西依赖美国；在军事上，通过泛美协议，巴

[①] 林建华主编：《余音绕园：外国政要北大讲演录，1998—2008》，北京大学出版社 2008 年版，第 197 页。

西与美国结成军事同盟；在对外战略上，巴西追随美国，唯美国马首是瞻。在很长的一段时间内，中国和巴西分别选择追随苏联和美国两个超级大国，美苏两国因为战后意识形态的分歧，逐步走向冷战对抗，中国和巴西也因此长期处于隔离状态。虽然20世纪60年代后中苏关系破裂，巴西与美国的关系出现分歧，实行"红色外交"，但彼此并非对方外交战略的重点，未受到应有的重视，缺乏沟通与了解，双边政治关系主要停留在民间交往的层面上。

中国和巴西分别选择追随不同强者的战略，在冷战对峙的大背景下，两国与本阵营内的国家交往较为频繁，与对立阵营的国家疏远。追随强者的战略无疑增加了本国发展与对立阵营内国家间关系的难度，中巴两国接近的可能性较小。更为重要的是，对外战略影响了各国的对外贸易地理方向，形成了差异化的国别贸易政策：中国在倒向苏联时，苏联向中国援助了156个重点项目，这一时期中国主要的贸易对象是苏联；进入60年代之后，中国的贸易对象主要转向欧洲和日本，从这些国家进口成套设备以及粮食。巴西选择追随美国，与美国的贸易关系日益密切。二战后，美国是巴西最重要的贸易伙伴。对外战略的差异影响了中国和巴西贸易地理方向，彼此并非对方重要的贸易对象。

虽然在建国初期，中国在对外战略上选择了苏联，但并非与世界其他国家隔绝。在建国后较长的一段时间里，中国在开展对包括巴西在内的拉美外交工作方面曾面临很多困难。以毛泽东同志为核心的第一代中央领导集体始终把中拉关系看做是中国整体外交不可或缺的重要组成部分。中苏关系恶化后，中国日益重视亚非拉和欧洲国家。但拉美并非中国对外战略的重点，中巴关系在这一时期主要体现在民间外交上,两国多个团体和友好人士互访。

在此期间,中国根据"平等互利"、"互通有无"的原则,同外国做生意,以逐步打破西方对中国的"封锁禁运"。① 1958年9月,毛泽东在接见巴西客人时表示:"只要巴西和拉丁美洲国家同意同中国建立外交关系,我们一律欢迎。不管建立外交关系,做生意也好。不做生意,一般往来也好。"②

内向型发展战略使得中巴两国不具有彼此发展贸易往来的经济动力。新中国成立后,中巴就有民间贸易往来,整个50年代,贸易总额不足800万美元。1960—1964年,双方贸易有所发展。1964年3月,巴西发生军事政变,当局非法逮捕和审问中方在巴访问的贸易和新闻人员,两国贸易就此中断。③ 50年代,中国实行"一边倒"的发展战略,主要与社会主义国家往来。60年代,随着与苏联关系破裂,中国在国际上面临孤立的现状。五六十年代,中国外交战略以意识形态划线,与资本主义国家的往来较少。战后,巴西实行追随美国的对外战略,在对外事务上唯美国马首是瞻。中巴两国的对外战略均以意识形态划线,双方往来仅限于民间往来。这种外交战略选择导致本来在经济上没有相互需求的国家,双边贸易官方贸易几乎不存在,仅有少许民间贸易往来。因此,在发展战略和对外战略双重负作用下,中巴贸易关系处于停滞状态。

---

① 中华人民共和国外交部、中共中央文献研究室编:《周恩来外交文选》,中央文献出版社1990年版,第51页。

② 中共中央文献研究室编:《毛泽东文集》第七卷,人民出版社1999年版,第403页。

③ 外经贸部国际贸易经济合作研究院编著:《走向21世纪的拉美市场》,中国对外经济贸易出版社1997年版,第199页。

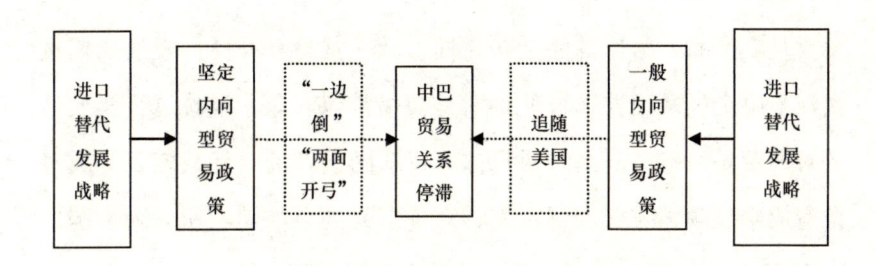

图 3—1　中巴贸易关系停滞逻辑图

建国后，中国实行的是内向型进口替代发展战略，片面发展重工业，在发展上强调独立自足，与外部世界联系较少，经济在相对封闭的环境中运行。内向型进口替代发展战略直接导致中国在这一时期的对外贸易政策总体上趋于保守，在对外贸易制度上由国家直接控制，实行高关税来保护国内市场。在建国后的"一边倒"和60年代"反帝反修"对外战略的影响下，中国从一开始主要与以苏联为首的社会主义国家贸易往来，到后来逐渐转向欧洲和日本。

二战后，巴西实行内向型进口替代发展战略以应对外部市场的变化，通过多种措施来促进本国工业的发展。巴西实行的进口替代发展战略使得它实行相应的保护贸易政策，采取提高进口关税和非关税壁垒来保护国内市场。外交上，巴西追随美国，与其保持着传统联系。美国和欧洲是巴西的主要贸易伙伴，巴西从欧洲和日本引进技术和资金，发展本国工业，与社会主义国家接触较少，鲜有贸易往来。

中巴两国实行内向型进口替代发展战略，实施的都是保护贸易政策，限制进口，而排他性的进口替代发展战略偏重于国内市场，对外依赖较小，不注重开拓国际市场。不仅如此，两国的出口商品主要是农产品，出口商品结构相同，缺乏贸易互补性。发展战略从宏观上决定了两国并非彼此的对外贸易重点对象，很难进行实质性的对外贸易活动。同时，两国都奉行追随强者的对外战略，冷战对抗造成中巴两国彼此疏远，实行对外贸易的可能性较小。新中国成立到60年代中期，中国和巴西的发展战略和对外战略共同制约了双边贸易关系的发展，两国贸易往来长期处于停滞状态。

第四章　中巴贸易关系起步时期：60年代中期到80年代初

本章进入到论证的第二阶段，第一节主要论述中国1966年所实行的进口替代发展战略，大力发展国防军事工业，实行坚定内向型贸易政策，与外部世界的贸易联系较少。第二节分析了进入军政府时期后，巴西所实行的保护性出口促进发展战略，在实行进口替代发展战略的同时，又扩大出口，并由此实施一般外向型贸易政策，出口贸易增加。第三节分别探讨了中国实行的"一条线"战略导致对发展中国家更为关注，巴西实施多元外交后，更为重视发展中国家。第四节分析不同的发展战略对中巴两国对外贸易政策的影响，以及在对外战略的作用下，中巴贸易如何发展起来。

第一节 中国自给自足倾向的进口替代发展战略与坚定内向型贸易政策（1966—1978年）

一、自给自足倾向的进口替代发展战略

1964年初，在草拟"三五"（1966—1970年）计划时，曾经改变"一五"和"二五"计划中以重工业为中心的方针，提出大力发展农业，基本解决吃穿为第一任务。但在1964年发生北部湾事件，1965年美国入侵越南，中国对当时的战争形势估计较为乐观。在"备战、备荒、为人民"的口号下……根据第三个五年计划实行"以国防建设第一，加速三线建设，逐步改变工业布局"的思想。[①] 当年10月至11月召开的全国计划会议要求贯彻积极备战、加快国防工业和内地建设的方针，[②] 把国防建设放在第一位。1966年7月2日，中共中央、国务院正式提出"执行备战、备荒、为人民的战略方针，加快大小三线的建设"，实行"抓革命、促生产"的经济方针。经济服从于、服务于政治，政治目标成为主要经济发展目标之一。[③] 1969年9月30日，《红旗》杂志发表文章《中国社会主义工业化道路》，该文章的观点反映了中国在"文革"期间的发展战略

---

① 中央文献研究室编:《中共党史大事年表》，人民出版社1981年版，第175页。
② 谭宗级、郑谦著:《十年后的评说:"文化大革命"史论集》，中共党史资料出版社1987年版，第159页。
③ 胡鞍钢著:《中国政治经济史论（1949—1976）》（第2版），清华大学出版社2008年，第508页。

和工业化发展基本特征。① 1970 年编制"四五"（1971—1975 年）计划时，因刚发生珍宝岛事件不久，提出了"以阶级斗争为纲，狠抓战备，促进国民经济新飞跃"的口号，要求"集中力量建设大三线战略后方"。会议根据战备需求，将全国分为十个区域，要求各自建立适应独立作战的工业体系。加速内地和战备后方建设，备战色彩更浓。② 1972 年又在此基础上提出了"深挖洞、广积粮、不称霸"的口号。③

1966 年到 1976 年实行的经济政策强调"自力更生"，更加迅速地发展重工业以准备战争。④ 这一点在国家发展计划上体现得特别明显，"三五"计划的指导思想很快由原来的民生问题转变为备战。在此思想的指导下，中国举全国之力实行国防科技工业为重点的三线建设，优先发展重工业，将大量涉及国民经济发展命脉的重工业从沿海东部经济较为发达地区迁往内地偏僻区域，特别重视涉及到国防安全的军事工业，国防工业成为重工业发展的重中之重。

---

① 胡鞍钢著：《中国政治经济史论（1949—1976）》（第 2 版），清华大学出版社 2008 年，第 510 页。
② 中央文献研究室编：《中共党史大事年表》，人民出版社 1981 年版，第 92 页。虞和平编：《中国现代化历程第三卷：改道与腾飞》，江苏人民出版社 2001 年版，第 1072 页。
③ 逄先知、金冲及主编：《毛泽东传（1949—1976）》（下卷），中共中央文献出版社 2003 年版，第 1623—1624 页。
④ Chad J. Mitcham, *China's Economic Relations with the West and Japan, 1949 - 1979: Grain, Trade and Diplomacy*, Routledge, 2005, p. 196.

表 4—1 农业、轻工业和重工业总产值构成（按当年价格计算）

年份	占工农业总产值（%）		
	农业总产值	轻工业总产值	重工业总产值
1965	37.3	32.3	30.4
1970	33.7	30.6	35.7
1975	30.1	30.8	39.1
1976	30.4	30.7	38.9
1978	27.8	31.1	41.1

资料来源：国家统计局工业交通物资统计司编：《1949—1984年中国工业的发展统计资料》，中国统计出版社1985年版，第5页。

从表4—1可以看出，1966年到1976年，重工业在工农业总产值中的比重不断提高。1965年，农、轻、重三大产业总值旗鼓相当；到1978年，重工业总产值已经超过其他两大产业，农业总产值占工农总产值的比重下降到30%以下。在生产力水平低下的情况下，为了实现工业化，通过牺牲农业来发展重工业，导致国民经济发展严重失调，背离了产业间协调发展的经济规律。

二、坚定内向型贸易政策

（一）贸易政策

1966年到1976年间，中国经济在较为封闭的状态中运行，继续实行以行政管理为主的对外贸易统制体制，采取保护贸易政策。在较长时期内，中国暂停了所有非必需设备、成套安装设备和技术的进口。同时，中国尽量减少对国外粮食进口，转而提高国内粮食产量。此外，进出口公司的正常业务也受到严重冲击。中国基本进入"闭关锁国"状态，国民经济走到崩溃的边缘。随后，中央一线工作领导经过努力，对外贸易体制进行了局部的具体调整，曾经开辟江苏、浙江、河北三省为直接经营外贸口岸。有关部委成立出口供应公司，各地的外贸公司在总公司批准的情况下，可经营远洋贸易。"新中国与世界的经济交流有所发展，但真正意义上的对外开放仍未开始。"①"这些调整措施对发展对外贸易起了一定推动作用，但并未触动原有高度集中的外贸体制及其运行机制。"②

（二）政策后果

该时期正处于第三、四个五年计划时期。由于国民经济遭到重大破坏，对外贸易同样遭此厄运，总体上处于停滞状态。从表4—2中的数据可以看出，"三五"期间，进出口总额呈"V"型发展态势，1966年与1970年对外贸易总额相当。这是因为国民经济发展的正常进程被人为破坏，生产总值年年下降。受到经济发展的负面影响，中国进出口不断减少，出现前所未有的苦难局面。随后又提出"以战备为纲"的经济发展方针，1970年和1971年中国经济接连出现新的冒进势头。1971年9月13日后，周恩来、邓小平先后主持党

---

① 中华人民共和国国家统计局，http://www.stats.gov.cn/tjfx/ztfx/qzxzgcl60zn/t20090908_402585245.htm。
② 《中国外贸体制改革的进程、效果与国际比较》课题组著：《中国外贸体制改革的进程、效果与国际比较》，对外经济贸易大学出版社2007年版，第14页。

中央日常工作，在各个领域清除极左思潮，采取正确措施调整国民经济，努力使陷入瘫痪状态的各个经济部门得以正常运转。而且，当时的国际形势比较有利，中国对外贸易有所上升，1973年进出口总额达到历史最高水平。

表4—2 1966—1974年中国贸易额（单位：百万美元）

年份	贸易总量
1966	4245
1967	3895
1968	3765
1969	3860
1970	4290
1971	4720
1972	5920
1973	10090
1974	14005

数据来源：Gene T. Hsiao, *The Foreign Trade of China: Policy, Law, and Practice*. Los Angeles: University of California Press, 1977, p.12.

此后，各个方面刚刚得以恢复的经济秩序又遭到破坏，致使1976年进出口总额比上年下降。1966—1976年，我国进口总额增长缓慢，大大低于世界平均水平。进出口总额较小，1966—1978年间，出口总额年均增加8.8%，[1]出口占国民生产总值的比例在5%以内，[2] "对外

---

[1] 国家统计局编：《中国统计年鉴1981》，中国统计出版社1982年版，第15页。
[2] 出口/GDP的变动趋势参见 Chris Bramall, *Chinese Economic Development*, Routledge, 2009, p.360。

贸易占国内生产总值的比重没有超过 10%"。① 我国在世界贸易中所占的比重，从 1966 年的 1.1% 下降到 1976 年的 0.67%。②

经历 17 年的建设后，中国工业化水体大大提升，但仍然是一个农业大国，生产力依然低下。进口替代发展战略决定了中国对外贸易商品结构还是以出口初级产品，进口国内工业发展所必需的机器设备为主。20 世纪 60 年代开始，中国大力发展劳动密集型产业，将出口重点放在加工产品和制成品，但工业制成品出口额占商品总出口额的比重仍然偏低。从表 4—3 中的数据可以清楚地看出，1966—1976 年期间，中国出口商品以初级产品为主，初级产品占出口商品的比例长期维持在 60% 以上。"直到 80 年代中期，我国的出口商品结构仍然没有明显改善。"③ 60 年代后期，由于优先发展重工业，中国不断从国外引进本国不能生产的机器设备，从而导致生产资料的进口占商品总进口的比例达到 80% 左右，是进口商品的绝对多数。70 年代，在"以阶级斗争为纲"、"三线"建设经济发展思想的影响下，重点发展国防军事工业，重积累而忽视消费。在较长时间内，生活资料的进口都维持在总进口的 20% 以下，生产资料的进口上升到 80% 以上。进出口商品结构清晰地反映了当时中国所实行的进口替代发展战略。

---

① 王平、钱学锋著：《WTO 与中国对外贸易》，武汉大学出版社 2004 年版，第 152 页。
② 朱立南著：《中国对外贸易》，首都师范大学出版社 1994 年版，第 15 页。
③ 朱立南著：《中国对外贸易》，首都师范大学出版社 1994 年版，第 24 页。

表4—3　1966—1978年中国进出口商品构成（单位:%）

年份	出口商品构成（100%）			进口商品构成（100%）	
	工矿产品	农副加工品	农副产品	生产资料	生活资料
1966	26.6	37.5	35.9	72.2	27.8
1967	24.4	36.3	39.3	76.0	24.0
1968	21.8	38.2	40.0	77.2	22.8
1969	23.5	39.1	37.4	82.4	17.6
1970	25.6	37.7	36.7	82.7	17.3
1971	28.9	34.9	36.2	83.9	16.1
1972	27.7	41.0	31.3	79.4	20.6
1973	24.7	39.5	35.8	76.4	23.6
1974	33.8	29.8	36.4	75.7	24.3
1975	39.3	31.1	29.6	85.4	14.6
1976	38.9	32.7	28.4	86.8	13.2
1977	38.5	33.9	27.6	76.1	23.9
1978	37.4	35.0	27.6	81.4	18.6

资料来源：国家统计局编:《中国统计年鉴1982》，中国统计出版社1983年版，第354页。

第二节　巴西兼有出口的进口替代发展战略与一般外向型贸易政策（1964—1980年）

一、兼有出口的进口替代发展战略

这一时期巴西实行的是"内斜式"发展战略，将非常强的内向惯性因素和出口促进与吸引外国直接投资的外向新因素相结合。[1] 从

---

[1] 有学者将这一时期巴西的发展战略称为"cross-eyed" strategy，详细论述参见 Marcelo de Paiva Abreu, *The Political Economy of High Protection in Brazil before 1987*, Inter-American Development Bank Integration and Regional Programs Department, Working Paper-SITI-18A. p. 20。

军政执政到 1973 年世界石油危机之前，巴西采取了适中的外向发展政策，在原有进口替代发展战略的基础上扩大对外开放，增加了贸易自由化、放松外资限制以及经济市场化的新内容。① 从进口替代工业化转向更加开放的工业化，放弃了单纯依靠国内资源和国内市场推进工业化的思想，注重有选择地进口和扩大出口，拓展对外经济关系，大力鼓励出口，开拓国际市场。

但这种将进口替代和出口导向相结合的"混合型"模式本质上只是进口替代模式的改良，继续保留了进口替代的核心内容，即轻视贸易在经济发展中的作用，② 经济发展着眼于国内市场，忽视国际市场的作用。政府继续对经济实行干预，为保护国内市场而实行贸易壁垒。巴西发展出口是为了进口替代服务，目的是为了中间产品和资本品的进口积累更充裕的资金，仍然坚持内向型发展。如果说二战后巴西主要是在消费品领域实行进口替代，处于进口替代的初级阶段的话，那么军政府时期则是在耐用消费品和中间产品领域实行进口替代，处于进口替代高级发展阶段。

表 4—4　巴西主要制成品进口在总供给中的比例（单位:%）

年份	1964	1967	1970	1974	1979
冶金	7.5	11.6	10.0	14.7	4.6
机械	30.3	29.6	28.4	32.1	19.5

---

① 郭克莎著：《新时期工业化发展战略与政策》，人民出版社 2004 年版，第 5—6 页。

② 江时学等著：《拉美与东亚发展模式比较研究》，世界经济出版社 2001 年，第 48 页。

续表

年份	1964	1967	1970	1974	1979
电子设备	7.8	11.3	18.8	20.2	14.1
化工	11.1	13.6	15.6	22.2	11.8
占总供给比例	6.1	7.1	8.0	11.9	6.8

资料来源：World Bank, *Brazil: Industrial Policies and Manufactured Exports*, Washington, D. C. 1983, p. 35; World Bank, "Trade Policy in Brazil: The Case for Reform", Report No. 7765 - BR. , Washington, D. C. March 26, 1990. p. 123.

从表4—4可以看出，军政府时期，巴西进口商品占总供给的比例比较低，大约维持在10%以内。主要是进口国内尚不具备生产能力的机械、电子设备和化工产品，仍然实行进口替代发展战略，主要是通过本国的生产来满足国内需求。世界石油危机之后，巴西重新实行进口替代发展战略，对40%的商品征收30%到100%的关税。[1]"再次实施'同类产品法'，采取限制进口的措施，并于1980年颁布进口管制条例，实行进口许可证制度，大幅度提高工业产品的进口税率。同时，对那些'以进养出'的资本货进口实行优惠政策",[2] 在石化、肥料、纸浆、钢铁等领域实行进口替代。

20世纪60年代初期的出口商品为经过初加工的资源性产品，体现了巴西自然资源的比较优势。到70年代，进口替代进入耐用消费

[1] Armando Castelar Pinheiro, Indermit S. Gill, Luis Servén & Mark Roland Thomas, "Brazilian Economic Growth, 1900 - 2000: Lessons and Policy Implications", Inter-American Development Bank, May 2004, p. 22.
[2] 苏振兴、徐文渊主编：《拉丁美洲国家经济发展战略研究》，北京大学出版社1987年版，第113页。

品、中间产品和资本品的第二阶段，巴西工业化进入重工业化阶段，集中于资本和技术密集型产业。将发展满足国内需求的耐用消费品工业，尤其是汽车工业作为经济发展的动力，列为优先发展的重点，汽车以及相关产业得以迅速发展。"巴西的钢产量由1968年的443万吨增加到1974年的750万吨，增长69%，汽车由26万辆增加到90.5万辆，增长248%。"① 工业品出口替代农产品出口，在工业制成品出口结构中，技术密集型的金属产品逐渐增加。②

二、一般外向型贸易政策

（一）贸易政策

1964年开始，巴西转向更为开放的经济，通过一系列的政策改革来改变内向封闭的经济，通过许多激励措施来鼓励制成品出口，增加出口和出口多样化被视为经济快速发展的必要措施。巴西的发展战略决定了所实行的贸易政策必将具有两面性：一方面，通过贸易壁垒来保护国内市场；另一方面，为了获取进口所需外汇，又鼓励出口。巴西的贸易政策从限制进口为主逐渐转变为限制进口与鼓励出口相结合。

政府制定了保护国内市场的政策，进口商必须在银行存入一笔

---

① 吕银春："1968—1973年巴西经济奇迹剖析"，《拉丁美洲研究》1974年第4期，第42页。

② Simón Teitel and Francisco E. Thoumi, "From Import Substitution to Exports: The Manufacturing Exports Experience of Argentina and Brazil", *Economic Development and Cultural Change*, Vol. 34, No. 3, Growth Reform, and Adjustment: Latin America's Trade and Macroeconomic Policies in the 1970s and 1980s, April, 1986, p. 458.

资金，而且国内能够生产的商品不得进口，即使工业生产需要进口，数量上也有限制。但"在实施过程中，巴西政府更多地采取'奖出限入'的措施，使出口有了较大增长"。[1] 布朗库政府采取鼓励出口的政策，席尔瓦政府实行小幅度货币贬值，建立"出口走廊"，增加向美欧市场之外的国家出口。梅迪西政府采取扩大出口和出口多样化政策，大力发展经济；对进口采取更加开放的政策，减少了各种限制；在深化进口替代发展战略的同时，加大化学、工业、石油工业、钢铁、铝、大型和复杂的资本品生产，积极扩大制造品出口，巴西的制造业出口发展迅速。[2] 20 世纪 70 年代，巴西开始扩大初级产品（石油、大豆、矿石）和制造业出口，同时增加对外借贷，以满足外向型进口替代所需进口，实行多样化出口方针。[3] "1973 年经济危机之后，为了扭转经济发展的不利局面，巴西严格控制进口，制定替代进口，主要是替代资本货和基础工业产品进口的计划。"[4]

(二) 实施措施

1964 年军政府上台后，为了实施外向型进口替代工业化发展战

---

[1] 尚德良、杨仲杰："巴西经济发展中的问题和前景"，《拉丁美洲研究》1993 年第 1 期，第 41 页。

[2] Simón Teitel & Francisco E. Thoumi, "From Import Substitution to Exports: The Manufacturing Exports Experience of Argentina and Brazil", *Economic Development and Cultural Change*, Vol. 34, No. 3, Growth Reform, and Adjustment: Latin America's Trade and Macroeconomic Policies in the 1970s and 1980s. April, 1986, p. 455.

[3] [美] 加里·杰里菲、[美] 唐纳德·怀曼编，俞新天等译，《制造奇迹：拉美与东亚工业化的道路》上海远东出版社 1996 年版，第 23 页。

[4] 张宝宇："巴西的产业结构与产业结构政策"，《拉丁美洲研究》1986 年第 6 期，第 28 页。

略,采取了"全面推进,整体发展"方针,制定了多个宏大的发展计划:《1964—1966 年政府经济行动计划》①《1968—1970 年发展规划》《1972—1974 年政府行动的基础和目标》《1972—1974 年第一个国家发展计划》。席尔瓦就任总统后,对巴西经济现代化进行了较大的调整,制定"经济纲领和基础方针";② 盖泽尔在 1974 年实行了发展重工业为目的的"第二个全国发展计划"(PND II-Plano Nacional de Desenvolvimento II)。

表 4—5 巴西名义保护率(单位:%)

年份	1967	1971	1975	1980
全部制成品	48	67	86.4	99.4
资本品			62.9	83.3
制造业使用的资本品	36	43.6		
中间产品			77.3	76.5
制造业使用的中间产品	30.5	45.6		
消费品			125.4	132.5
耐用消费品	64	100.7	163.9	
非耐用消费品	54	102.7	117.4	

资料来源:M·M. Moreira, Industrialization, *Trade and Market Failures*: *The Role of Government Intervention in Brazil and South Korea*, St. Martin's Press, 1995, pp. 126, 198. 转引自刘力著:《内撑外开:发展中大国的贸易战略》,东北财经大学出版社 1999 年版,第 123 页。

---

① 详细内容参见吕银春、周俊南编著:《巴西》,社会科学文献出版社 2004 年版,第 276 页。

② [美]斯·罗博克著,唐振彬等译:《巴西经济发展研究》,上海译文出版社 1980 年版,译者序,第 56 页。

在实行"目标计划"时,根据工业化进程的需要和目标计划的投资项目要求,运用多重汇率制度来促进进口。① 截至 1965 年,进口押金和进口附加税全部取消。布朗库政府晚期,开始进口税改革,取消特别进口序列制度。军政府时期,根据国内国际市场价格对名义汇率实行爬行盯住政策,大量削减关税,从反对出口到实行出口结构多样化政策,对制成品出口实行补贴。从表 4—5 可以看出,巴西在鼓励出口的同时,对国内制成品的保护维持在较低的水平。② 1973 年开始出现石油危机,巴西强化了进口替代发展战略,对制成品尤其是资本品、中间产品和消费品的保护力度不断加强。1973 年世界石油危机后,巴西转向衰退,进而强化非传统商品的出口,实行资本品进口替代的新阶段。③

经过 1964—1967 年的调整,1967 年上台的席瓦尔加速了工业化发展进程,对经济政策做出调整,大力促进出口,提出了"出口即出路"的口号,实行全面的出口战略:建立了鼓励制成品出口体制,

---

① Fabiano Abranches Silva Dalto, *Government, Market and Development: Brazilian Economic Development in Historical Perspective*, PhD Dissertation, University of Hertfordshire, November 2007, p. 90.

② 有学者研究显示巴西在石油危机之前保护力度显示出减弱的下降趋势,Marcelo de Paiva Abreu, "The Political Economy of High Protection in Brazil before 1987", Inter-American Development Bank Integration and Regional Programs Department, Working Paper-SITI – 18A. p. 19. William Tyler & Angelo Costa Gurgel, "Brazilian trade policies: some observed and estimated effects of the 1990s liberalization", *Estudos economicos*, São Paulo, Vol. 39, No. 1. Janeiro-Marco, 2009. p. 62. Marcelo de Paiva Abreu, "The Political Economy of High Protection in Brazil before 1987", Inter-American Development Bank Integration and Regional Programs Department, Working Paper-SITI – 18A. p. 23. 但三位学者的研究都表明在 1974 年危机前关税保护水平维持在较低的水平,1974 年后保护力度明显加强。

③ Eva Paus, "The Political Economy of Manufactured Export Growth: Argentina and Brazil in the 1970s", *The Journal of Developing Areas*, Vol. 23, No. 2, January, 1989, p. 186.

提高出口补贴。1964—1967 年，巴西实行少有的大贬值汇率政策，造成实际汇率的大幅波动。1968 年，巴西进一步对汇率进行改革，实行爬行联系汇率制度（crawling-peg system），在 1968—1973 年期间"实行货币小幅度贬值，以降低巴西商品的出口价格。每年贬值 7 到 10 次，贬值率在 11% 到 18% 之间"。①

1964 年军政府执政后，面对巨额外债、经济衰退和高通货膨胀的现实，制定了多个刺激经济发展的计划，大力引进外资和外国技术，鼓励外资企业与本国企业合作。席尔瓦和梅迪西政府时期，继续大力引进外资，允许外国公司在巴西设厂，在法律上给予保障，税收上给予优惠。"从 1968 年起，巴西政府修改了对外资的限制措施，放宽对利润汇出的限制，规定外资可以享受优惠，创造了良好的投资环境。这一政策导致外国投资激增：1968—1974 年间，进入该国的外国直接投资达到 27.87 亿美元，相当于 1964 年流入该国外资总额的 1.73 倍。"② "1969—1974 年，外国直接投资新增加近 40 亿美元，贷款新增加 130 亿美元。" 1973 年石油危机后，巴西制定了"第二个全国发展计划"，实行金融国际化方针，利用国际资本市场资金充盈、利息低的时期，大力吸收外国资本，实行负债发展战略。1979 年，输入巴西的资本占全世界资本总额的 10% 左右。③

---

① Jeffry Frieden and Ernesto Stein eds, The Currency Game: Exchange Rate Politics in Latin America. Inter-American Development Bank, 2001, pp. 124, 126. 苏振兴等著：《巴西经济》，人民出版社 1983 年版，第 165 页。

② 苏振兴、徐文渊著：《拉丁美洲国家经济发展战略研究》，北京大学出版社 1987 年版，第 97 页。

③ 苏振兴等著：《巴西经济》，人民出版社 1983 年版，第 192 页。

(三) 政策效果

1967年，军人政府为了加快经济发展，开始实施新的发展战略，大力发展制造业，通过举债扩大投资，强化政府干预，扩大出口。这些政策的有效实施使得巴西在1968—1973年出现了"经济奇迹"，出口以每年20.7%的速度增长,[①] 成为战后世界范围内经济发展最快的国家之一。从表4—6可以看出，军政府时期，巴西对外贸易发展迅速，贸易增长率高于同期世界贸易增长率。1975年，巴西经济总量居世界第十位，钢铁产量居世界第十五位，汽车产量居世界第九位。[②]

表4—6 巴西和世界贸易的增长率（单位:%）

年份	世界贸易	巴西贸易
1967—1973	160.2%	274.8%
1973—1979	193.1%	145.9%
1979—1984	19.5%	77.2%

数据来源：Regis Bonelli & Armando Castelar Pinheiro, "New Export Activities in Brazil Comparative Advantage, Policy or Self-discovery?", Inter-American Development Bank, Research Network Working Paper #R – 551, July 2008, p.13.

[①] Fabiano Abranches Silva Dalto, *Government, Market and Development: Brazilian Economic Development in Historical Perspective*, PhD Dissertation, University of Hertfordshire, November 2007, 91.

[②] ［美］斯·罗博克著，唐振彬等译：《巴西经济发展研究》，上海译文出版社1980年版，译者序，第1—2页。

巴西在前期实行进口替代工业化战略后，实现了一般消费品的国内生产，但工业制造设备、中间产品及国内经济发展所缺乏的原材料仍然依赖进口。20世纪50年代中期后，随着国内消费需求转向耐用消费品，巴西加大了对制造耐用消费品、机器制造设备以及中间产品的进口。"直到70年代初，巴西对外贸易商品结构未发生重大变化。出口初级原料，进口机器设备、工业原料和燃料。1967—1971年间，巴西初级产品出口占出口总额的76.6%，其中咖啡、可可、蔗糖、棉花等占出口总额的一半以上。进口商品主要是机器设备、石油及其他燃料，1967—1971年间，机器设备进口额占进口商品总额的35.3%。"[1] 巴西的进口替代发展战略影响力式微，[2] 进口替代作为发展的动力不断衰竭。

表4—7 巴西的出口商品类别（单位:%）

年份	初级产品	半制成品	制成品
1965	81.6	9.7	6.2
1970	74.8	9.1	15.2
1975	58.0	9.8	29.8
1980	42.2	11.7	44.8
1985	33.3	10.8	54.9

资料来源：Marcos Cintra, "Brazil's Options for Commercial Integration: FTAA, EU, WTO, 4+1, …", Papers presented to Brazil and the FTAA: seminar, the Chamber of Deputies of Brazil, October 23-24, 2001, p.94.

---

[1] 张宝宇等编著：《巴西》，上海辞书出版社1983年版，第164页。
[2] Richard Westra eds., *Confronting Global Neoliberalism: Third World Resistance and Development Strategies*, Clarity Press, 2010, p.42.

从表4—7可以看出,1965—1975年间,巴西制成品出口翻番,比国际贸易增长速度快。1965年巴西制成品出口占总出口仅为6.2%,1970年增加到15.2%。1980年后,出口商品从初级产品到工业制成品,逐渐取代了传统咖啡和其他初级产品的出口,制成品占出口商品比例由1980年的44.8%增加到1985年的54.9%。初级产品在出口商品中的比重降低,自然资源为基础的产品占制成品出口的比例由1961年的96%下降到1978年的54.1%。[1] 出口扩大的部门是在军政府出口促进时期建立:摩托车、通信和交通设备、造船、钢铁产品、基本化学、小型飞机。[2]

1974—1979年,进口替代对工业增长的影响不足10.1%。[3] 1973年的世界石油危机给严重依赖石油进口的巴西经济带来重创,其贸易赤字急剧增加。但巴西继续推进进口替代工业化战略,利用国际资本市场资金充裕、利率较低的有利外部条件,实行负债发展。石油危机后,巴西没有及时调整经济政策,转而向国际金融市场借贷,最终陷入债务危机,进入"失去的十年"。

---

[1] Simón Teitel and Francisco E. Thoumi, "From Import Substitution to Exports: The Manufacturing Exports Experience of Argentina and Brazil", *Economic Development and Cultural Change*, Vol. 34, No. 3, Growth Reform, and Adjustment: Latin America's Trade and Macroeconomic Policies in the 1970s and 1980s, April, 1986, p. 461.

[2] World Bank, *Brazil. Industrial Policies and Manufactured Exports*, Washington, D. C. 1983, pp. 184 – 191.

[3] Marcelo de P. Abreu, Afonso S. Bevilaqua & Demosthenes M. Pinho, "Import Substitution and Growth in Brazil, 1890s – 1970s", *Getúlio Vargas Foundation*, pp. 20 – 22.

◆ 第三节 中国的"一条线"与巴西的多元外交 ◆

一、"一条线"战略

1969 年以后,"当中国实力不断增长且更加敌对的苏联为其国家利益的主要威胁时,又与美国以及所有愿意反对苏联这一'社会帝国主义霸权'的国家联合起来"。① 1969 年,陈毅等提出《对战争形势的初步估计》等报告,随后毛泽东确定了"反对霸权,侧重打击苏霸"的战略。② 1972 年 7 月,毛泽东指出:"两霸我们要争取一霸,不能两面作战。"1973 年 2 月,毛泽东在与基辛格接洽时提出"一条线",共同对付苏联的战略构想。③ 1974 年 1 月,毛泽东在接见日本外相大平正芳时提出了"一大片"问题,即中国要把"一条线"周围的亚非拉国家团结起来,形成一大片的包围格局,一起对付苏联,建立联美反苏的国际统一战线。

1974 年,毛泽东主席提出划分三个世界和团结反霸的战略思想,"三个世界理论实际上是从早期的资本主义和社会主义阵营划分演变

---

① [美] 金骏远著,王军、林民旺译:《中国大战略与国际安全》,社会科学文献出版社 2008 年版,第 24 页。
② 王泰平主编:《中华人民共和国外交史》(第二卷),世界知识出版社 1998 年版,第 346 页。
③ 官力等主编:《从解冻走向建交:中美关系正常化进程再探讨》,中央文献出版社 2004 年,第 200、203 页。

而来的"。① "三个世界划分的思想不再强调社会主义与资本主义两大阵营的对立,而是突出了苏美两个推行霸权主义的超级大国同全世界反霸力量的矛盾,强调联合第二世界国家和反霸斗争中第三世界国家的重要作用,强调中国属于第三世界国家,要联合一切可以联合的力量,结成最广泛的国际统一战线,挫败超级大国的侵略和压迫。"② 这一理论思想对于指导当时中国的对外工作,对抗苏联的威胁,努力建立和发展与世界其他各国的友好合作关系起到了积极作用,得到包括拉美国家在内的广大第三世界国家的认同和支持。中国在世界范围内掀起了建交高潮,与巴西正式建立外交关系。

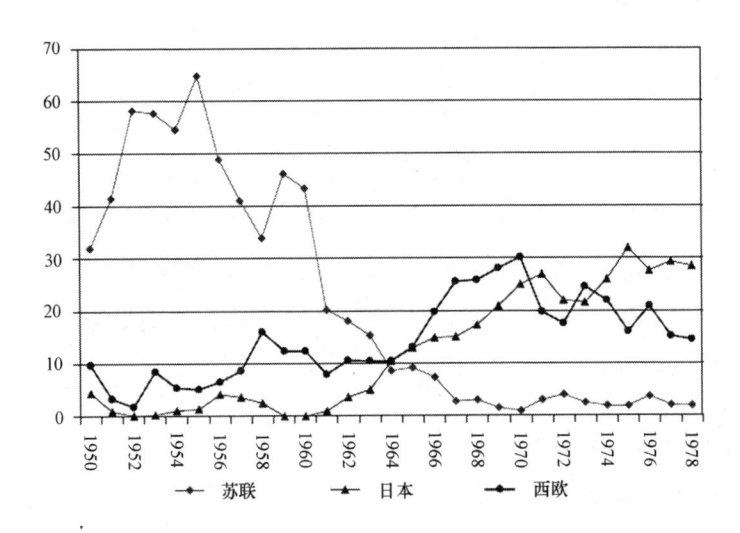

图4—1 中国进口来源地变化:1950—1978(单位:%)

数据来源:Chris Bramall, *Chinese Economic Development*, Routledge, 2009, p. 364.

---

① Joshua Eisenman, Eric Heginbotham, and Derek Mitchell. ed., *China and the Developing World: Beijing's Strategy for the Twentyfirst Century*, M. E. Sharpe, Inc., 2007, p. 17.
② 郑谦、张化著:《毛泽东时代的中国(1949—1976)》第三卷,中共党史出版社2003年版,第335页。

20 世纪 60 年代后期，我国同苏联关系恶化，苏联终止了同我国的经济合作，停止了对我国的经济援助；东欧一些国家也追随苏联疏远了同我国的关系，我国与苏联和东欧国家的贸易额大幅度下降，此时对外贸易的对象主要是日本和西欧国家，与美国还没有贸易往来。1972 年 2 月，尼克松访华，中美发表《联合公报》，中美关系改善，我国先后同加拿大、意大利、奥地利、比利时等国建交，中日邦交也正常化。由此，从 60 年代开始针对苏联霸权主义威胁编织的从日本到西欧再到美国的"一条线"战略形成，也决定了中国对外贸易对象的新变化：中美恢复了贸易关系，对西欧国家的贸易进一步扩大，对亚非拉国家经济贸易关系进一步加强。[1]

70 年代对外关系的突破性进展，推动中国对外贸易的地理方向进一步发生变化。1971 年，中美贸易额达 500 万美元，1972 年达到 1.11 亿美元，1973 年 8.76 亿美元，1974 年 10.64 亿美元，美国成为紧随日本之后的中国第二大贸易伙伴。[2] 日本和西欧国家对中国的进口占总进口一半左右的份额。

表 4—8 1966—1974 年中国贸易对象（单位：百万美元）

年份	与社会主义国家贸易	与资本主义国家贸易
1966	11090	3155
1967	830	3066
1968	840	2925

---

[1] 李钢："新中国外经贸发展六十年（1949—2009）"，《对外经贸实务》2009 年第 10 期，第 6 页。

[2] Gene T. Hsiao, *The foreign trade of China: policy, law, and practice*, Loa Angeles: University of California Press, 1977, pp. 13 – 14.

续表

年份	与社会主义国家贸易	与资本主义国家贸易
1969	785	3075
1970	860	3430
1971	1085	3635
1972	1275	4645
1973	1710	8380
1974	2300	11705

数据来源：Gene T. Hsiao, *The Foreign Trade of China: Policy, Law, and Practice*. Los Angeles: University of California Press, 1977, p. 12.

从表4—8可以看出，1957—1970年，中国对外贸易总体态势平稳。进入70年代后，随着中美关系的改善及中美贸易的恢复，对外贸易才有了大幅度的增长。1972年至1977年我国先后从美、日等国引进技术和设备222项，主要有化肥设备、化纤设备、数据处理设备、1.7米轧机设备、采煤机组等。[①]"1973年，国家计委提交《关于增加设备进口、扩大经济交流的请示报告》，建议今后三到五年引进43亿美元的成套设备，简称'43方案'。此后在此基础上又陆续追加了一批项目，从欧美国家引进了技术设备，兴建了27个大型工业项目。"[②]

二、多元外交

在军事政变后最初几年，巴西仍然实行的是亲美外交政策，美

[①] 陈源、高玲珍编著：《国际贸易》，北京大学出版社1994年版，第357页。
[②] 详细资料参见吴景平、徐思彦主编：《1950年代的中国》，复旦大学出版社2006年版，第104—106页。

国仍然将巴西视为其后院,干涉巴西与其他国家的交往,引起巴西政府的强烈不满。20世纪70年代,随着本国经济力量的增强,巴西自称是"第三世界国家",改变一贯追随美国的做法,努力发展同第三世界国家的关系,外交政策的独立自主性增强。①

1974年,盖泽尔执政后,逐步放弃"意识形态边疆"政策,实行"普遍的、负责的实用主义"外交政策,废除与美国自动结盟的外交政策传统,于1977年废除了与美国在1952年签订的《巴美军事协定》。巴西最大限度地参与国际组织活动,以观察员身份参加不结盟运动,优先对待同第三世界国家的关系,对富国表示冷淡。盖泽尔总统执政期间提出来的这一政策在菲格雷多总统执政时期继续贯彻执行并有所发展。巴西日益走向独立自主的道路,扩大同美国的距离,突破"意识形态边疆"的束缚,确立第三世界的立场,实行多元化外交:与日本、西欧的政治、经济关系得以发展,同苏联、东欧国家的关系也有所改善。"巴西外交路线的特点是务实,根据本国的利益来决定外交政策,最大限度地谋求实效。"② 发展问题取代安全问题成为巴西外交政策的首要关注。"负责的实用主义"外交政策的根本宗旨是为巴西民族经济利益服务。

首先,随着军政府时期经济高速发展,经济实力显著提升,巴西成为世界经济中具有重要影响力的国家,在世界范围内应该发挥更大的作用。其次,世界石油危机爆发后,欧美国家经济发展遭受重创,巴西经济发展的重要外部市场日益萎缩。巴西实行多元化外

---

① 张宝宇等编著:《巴西》,上海辞书出版社1983年版,第253页。
② 朱满庭:"七十年代以来拉丁美洲的外交转型",《拉丁美洲研究》1985年第3期,第7页。

交政策,努力开辟新的市场,促进贸易对象多元化,为巴西的经济发展服务。在"负责的实用主义原则"的指导下,巴西一方面扩大与西方国家的联系,另一方面不顾美国的压力同联邦德国签订核协定,与中国建交,加强与苏联和东欧国家的经济联系。①

20世纪70年代,中国和巴西都实行了对外战略转型。在外交上,军人政府将防止共产主义威胁视为重要目标之一,恢复与美国"自动结盟"的传统外交,认为国际政治舞台是东西两大集团斗争的场所,承认美国是自由世界的领袖。布朗库政府上台伊始便断绝与古巴的关系,关押中国在巴西的新闻工作者和使馆人员,制造了"九人事件",中巴关系发展进程受阻。在战后民族民主运动高涨的国际背景下,巴西独立自主的意识不断加强,逐渐摆脱"意识形态边疆"束缚。1974年,盖泽尔执政后,实行"普遍的、负责的实用主义"外交方针,不再与美国结盟,对外事务上与美国保持一定的距离。巴西对外政策的独立自主性增强,实行对外战略转型,实行对外关系多元化,更加重视发展与亚洲和非洲国家的外交关系。1966年到1976年,中国面临着严峻的外部安全形势,实行"反帝反修"的外交方针,在外交领域两面出击。进入70年代后,逐步形成"三个世界划分"的思想,并于1974年最终提出"三个世界划分"的理论,形成联美反苏的对外战略。中国的对外战略中越来越重视发展中国家在团结反霸、维护世界和平中的重要作用。随着中美关系缓和,中国与拉美国家的关系也得以改善。中国和巴西对外战略转换为双边关系的建立提供了重要基础,两国于1974年8月15日

---

① 张宝宇等编著:《巴西》,上海辞书出版社1983年版,第254页。

建立外交关系，为双边贸易关系发展提供了重要基础。

◆ 第四节 中巴封闭发展、相互关注与双边贸易关系起步 ◆

一、内向型发展战略

中国在 1966 年到 1976 年实行的是内向型进口替代发展战略，优先发展重工业，政府甚至采取国家全民动员的方式，将举国上下的资源都投入到重工业领域，对全国的工业布局进行大调整，在西部腹地重新选择建设重大项目，重点发展关乎国家安全的军事工业。不仅如此，还将对外贸易与自力更生完全对立起来，盲目排外，在很长一段时期内，国家的经济建设在较为封闭的环境中进行。中国的经济建设遭受严重破坏，经济发展的正常秩序被打乱，经济发展严重偏离正常轨道，对外贸易 1976 年处于倒退状态。在周恩来和邓小平等恢复一线工作，进行调整整顿后，形势有所好转，但中国的对外贸易仍处于较低水平。中国主要通过出口农副产品来换取进口机器设备所需外汇。特殊时期的对外发展战略决定了中国对外贸易政策的保护主义倾向。

军政府时期，巴西实行混合型发展战略，进入耐用消费品和资本品进口替代阶段。这一阶段的发展战略不仅继续实行优先发展重工业的经济发展方针，同时还鼓励出口，把对国内市场的保护和促进出口结合起来，通过出口来为进口机器设备积累资金。为此，国家运用政府计划、关税、吸引外资等多种手段来扶持重工业发展，并实施多种措施来鼓励出口。巴西发挥本国资源丰富的优势，大量出口具有本国比较优势的初级产品。虽然经过进口替代，工业生产能力有所提高，出口商品结构中制成品的比例有所上升，但出口结构仍然以初级产品为主。而美国和欧洲作为20世纪60年代到70年代世界高速发展经济体，是巴西商品的重要外部市场。不仅如此，巴西还需要从美国和欧洲国家进口工业化发展所必需的制成品，甚至需要从这些国家引进资金来发展本国经济。混合型发展战略决定了巴西对外贸易趋势以及商品出口结构，从而决定了对外贸易总政策和进出口商品政策。发展战略决定了巴西在实行保护贸易政策的同时又鼓励出口。

二、互相关注的对外战略

20世纪60年代中期，中苏关系不断恶化，矛盾和冲突不断，最终引发了珍宝岛事件。此时，中国与以美国为首的西方世界仍然处于一种相互敌对的状态，中国同时面对两个超级大国封锁遏制的局面。其实早在1963年，毛泽东就提出了"两个中间地带"思想。1969年6—11月，陈毅、叶剑英、徐向前和聂荣臻四位元帅受毛泽东委托，研讨国际形势和外交战略转变问题。元帅们研究后认为，从目前的情况看，美帝、苏修单独或联合打中国，或纠集日本、印度等打中国都有困难，反华大战不致轻易发生。报告指出苏修扩张是挤美国的地盘，认为中苏矛盾大于中美矛盾，美苏矛盾大于中美矛盾。对美应该恢复大使级会谈，通过战术上的行动取得战略上的效果。① 从20世纪70年代初起，中国在"一条线"、"一大片"战略指导下开展外交工作，并影响对第三世界国家的外交关系，"以苏画线"的基本含义就是中国视第三世界国家对苏联的立场来决定中国对他们的外交政策，② 通过团结亚非拉国家和美国来建立反对苏联的最广大的国际统一战线。

1974年2月，毛泽东又在"一条线"的基础上提出了"三个世界划分"的思想，将美国和苏联视为第一世界，日本、欧洲、澳大利亚、加拿大分为第二世界，亚非拉视为第三世界。第三世界备受美苏剥削和压抑，是中国应该团结起来，联合反对霸权的主要力量，而第二世界作为中间派，与美苏也存在分歧和矛盾，是可以争取的对象。与联美反苏相比，更为重视亚非拉国家在维护世界和平中的重要作用。

在上述联美反苏的对外战略指导下，中国开始与美国接触，促成中美关系缓和，并最终建立正式的外交关系。随着中美关系的缓和与改善，中国与日本和欧洲国家的关系日渐缓和，中日关系正常化，并恢复邦交关系。其他资本主义国家也紧随美国的步伐，纷纷改善与中国的关系。中国先后与英国、荷兰、联邦德国、爱尔兰、葡萄牙、澳大利亚和新西兰等国建立外交关系。同时，还与其他亚非拉国家建立了正式友好关系，中国在外交领域掀起建交高潮。

20世纪70年代初，随着对外战略的调整，中国外交环境得以改善，与世界其他国家关系大大缓和，为对外贸易发展扫除了障碍，

---

① 熊向晖：《打开中美关系的前奏：1969年四位老帅对国际形势研究和建议的前前后后》，《新中国外交风云》第四辑，世界知识出版社1996年版，第7—24页。
② 张历历著：《当代中国外交简史》，上海人民出版社2009年版，第123页。

中国对外贸易呈现出多元化趋势。中国不仅强化了与社会主义国家之间的贸易关系，同时拓展了与资本主义国家间的贸易往来。在中苏关系恶化，中苏贸易急剧减少的情况下，中国与美国、西欧和日本的贸易关系不断发展，从这些国家进口工业化发展所需制成品和国内紧缺的粮食，与资本主义国家的贸易额不断刷新，这些国家日渐成为中国最重要的进口来源国。

在 20 世纪 70 年代中后期，巴西对外战略实行转型，提出"普遍的、负责的实用主义"外交方针，并宣布自己"属于第三世界"，奉行独立自主的外交政策。巴西调整与美国的关系，提出不结盟政策，强调不干涉他国内政的原则，逐渐重视发展与拉美其他国家的关系，重视发展同非洲、亚洲国家的关系。这一时期外交政策的根本宗旨是为巴西民族经济利益服务，为实现外向发展的全球战略服务。对外战略调整有助于实现对外经济关系多样化，为日益增长的出口工业开拓市场，积极参与争夺世界市场份额，在经济方面竭力扩大同各国的联系。①

表4—9　巴西出口商品结构与主要出口目的地（单位：百万美元）

	1967	1968	1969	1970	1971	1972	1973
出口总额	1654	1881	2311	2739	2904	3991	6199
出口商品							
咖啡	42.6	41.2	35.2	34.3	26.6	24.8	21.7
非咖啡传统产品	21.3	22.6	24.8	18.5	17.1	18.3	—

① ［苏］安·安·葛罗米柯、鲍·尼·波诺马廖夫主编，韩正文等译：《苏联对外政策史 1945—1980》（下卷），中国人民大学出版社 1989 年版，第 895 页。

续表

	1967	1968	1969	1970	1971	1972	1973
工业制成品	8.6	6.9	7.8	11.2	12.7	15.5	23.1
主要出口国							
美国	33.2	33.3	26.4	24.7	26.2	23.3	18.1
欧洲经济体	27.3	25.5	29.7	28.1	27.3	28.3	37.1
亚洲和大洋洲	4.4	4.4	7.3	8.4	7.9	9.5	11.1

数据来源：Tyler, William G., *Manufactured Export Expansion and Industrialization in Brazil*, Tubingen: J. C. B Mohr. 1976, p. 123.

二战后，巴西进出口贸易单纯依赖美国，战后初期直到 80 年代，美国一直是巴西最重要的投资来源国，美国在巴西的投资比例一直占外国在巴西投资的 30% 以上。[①] 从表 4—9 可以看出，1969 年开始，欧洲经济体同巴西的贸易额超过美国，成为巴西最大的贸易伙伴。亚洲及大洋洲在巴西的出口市场份额中比重不断提升，在对外战略的影响下，巴西的对外贸易地理方向不断扩散。

1973 年世界性能源危机爆发后，巴西因为石油进口经济损失惨重，国际收支恶化，于是加强开发能源替代的新兴工业，大力发展面向出口的非传统制成品的制造工业，加紧开拓外部市场。巴西为了扩大非传统产品的出口，不得不向发展中国家寻找市场，贸易伙伴和贸易产品都向多样化方向发展，实行出口商品多样化和出口目的地多样化政策。而美国为了在国内实行充分就业政策，限制发展中国家的商品与美国商品的竞争。战后美国在巴西对外

---

① 张宝宇等编著：《巴西》，上海辞书出版社 1983 年版，第 171 页。

贸易中所占的地位大大下降，1945年美国分别占巴西商品进、出口总额的50%和54.3%，1979年，这一比例下降到19.3%和17.9%，出口市场逐渐从美国转向欧洲和亚洲。据统计，"1973年至1981年，巴西外贸进出口总额已从124亿美元增加到454亿美元，其中对拉美、非洲和亚洲发展中国家的进出口贸易比重从22.4%上升到46.2%"。[①]

对外战略变迁导致中国和巴西的对外贸易方向发生改变，中国逐渐密切与欧洲国家、日本和美国的贸易联系。而巴西在多元外交的影响下，逐步扩大与欧洲和亚洲新兴国家的贸易关系。虽然中巴两国在对外战略上相互关注，但彼此并非对方重要的贸易伙伴。

三、中巴贸易关系起步

1966年到1976年，中国继续实行进口替代发展战略。在国内政治运动的冲击下，国民经济发展偏离了正常轨道，实行"以阶级斗争为纲""备战、备荒"的经济方针，重点发展与国防安全有关的军事工业。由于对外部安全形势的过高估计，为了防止可能出现的突然袭击，对全国工业布局进行调整，在四川和贵州为中心的西南以及西北等腹地选址，将沿海工业搬迁到内地，并在各个地区建立独立的工业体系，形成优先发展重工业的狂潮。与此同时，受到"左"倾思想的影响，正常的对外贸易活动受到严重

---

① 《人民日报》1984年5月29日，第6版。

冲击，一段时间内暂停了所有工业设备的进口，国民经济处于极端封闭的情况。

巴西军政府推行的保护性出口促进发展战略改变了内向型工业化发展战略带来的经济发展内向性趋向，强调利用外部市场，注重制成品出口，将内向型经济战略变为"更加开放的经济战略"。更为重要的是，放弃单纯依靠国内市场发展经济的模式，积极利用外资，鼓励出口。虽然出口商品结构仍然以初级产品为主，但制成品比重慢慢提高。

中国和巴西所实行的发展战略本质上都具有内向型特征，都较为关注国内市场在经济发展中的作用。中国实行坚定内向型贸易政策，巴西实行外向型贸易政策。发展战略决定了彼此发展的不同步，中巴两国贸易往来缺乏内在经济推动力，还不具有发展双边贸易的经济需求。

20世纪六七十年代，随着"三个世界划分"理论的提出，建立联美反苏的国际统一战线成为中国外交工作的重要任务。由此开始，中美关系改善，中日邦交正常化，中国在世界范围内掀起了建交高潮。巴西在摒弃"意识形态"边疆政策后，实行多元外交，更加关注发展中国家。中巴在此大背景下正式建立外交关系。

但由于中巴对外战略在20世纪70年代出现转型，双方的对外贸易地理方向发生转向：中国转向美国、欧洲和日本，巴西更为关注欧洲和亚洲，彼此并非对方重要的贸易对象。但对外战略转型为两国建立外交关系提供了契机，一定程度上密切了两国的联系。1979年，菲格雷多执政后，以"普遍主义、国家利益和尊重西方文明价值"来指导巴西的外交政策。"普遍主义"强调不结盟，对各类国家普遍接触，开展不抱成见的、坦率的、相互尊重的对外活动；声称巴西外交政策的最大目标是国家利益，在当前而言就是确保能源供应和扩大出口；强调巴西属于西方和西方文明，与社会主义国家的关系仅限于经济方面的往来。①

在中巴两国发展战略和对外战略的共同作用下，中巴贸易关系开始起步。但受到"几人事件"影响，20世纪60年代开启的中巴贸易往来一度中断。70年代初，巴西工商界积极要求同中国建立贸易关系，其军政府放松了对华政策。1972年，中巴恢复直接贸易。1973年中国从巴西的进口额为7600万美元，中国对巴西的出口额仅为200万美元。②"中国对外贸易政策是为了处理世界上的经济和政治现实而进行的战略安排。通过外交途径来增强贸易关系。""如果没有政治和法律安排，国际贸易不可能正常化。"③ 1974年，两国建立外交关系以后，贸易往来逐步增加。1978年，中巴签订贸易协定。1978年，中国与巴西签订向巴西供应石油的长期协定。1979年，双方签订海运协定，当年双方贸易总额已经超过2亿美元。双边贸易额从1973年的7000万美元增加到1980年的3.16亿美元，中国顺差1.7亿美元。中国向巴西出口的商品主要有煤、石油和化工产品，从巴西进口的有铁矿石、钢铁、糖、大豆、棉花、西沙尔麻、咖啡和可可。

---

① 张宝宇等编著：《巴西》，上海辞书出版社1983年版，第254页。
② 美国国会联合经济委员会编：《对中国经济的重新估计》（下册），中国财政经济出版社1977年版，第678、680页。
③ Gene T. Hsiao, *The foreign trade of China: policy, law, and practice*. Loa Angeles: University of California Press, 1977, p. 27.

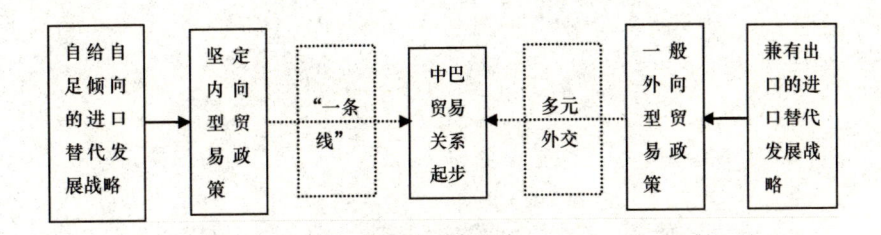

图4—2　中巴贸易关系起步逻辑图

中国在1966年到1976年间实行具有自给自足倾向的进口替代发展战略，这种发展战略在中国特殊的政治环境下，使得经济发展偏离了正常的轨道，过于重视军事工业，导致经济发展比例失调，对外贸易政策愈发地表现出保守主义倾向。随着对外战略思想的转变，中国逐渐在外交实践中形成了"三个世界划分"理论，联美反苏，更加重视发展中国家维护世界安全的重要性。中国的对外贸易对象也随着对外战略转型而转换，更为重视发展同美国、欧洲和日本的经贸关系。

巴西在军政府时期实行综合型进口替代发展战略，在耐用消费品和资本品领域继续实行进口替代的同时，鼓励出口，创造了二战后巴西"经济奇迹"，这种混合发展战略使得巴西的对外贸易政策对重工业表现出较强的保护性：鼓励初级产品出口，以换取重工业发展所需的工业制成品。随着新政府实行"普遍的、负责的实用主义"外交政策，巴西的对外贸易方向日益多元化，更为重视欧洲和亚洲市场。

虽然中国和巴西在20世纪70年代的对外战略转型为两国外交关系发展带来曙光，但两国发展并不同步，并非彼此的重点贸易对象。中巴贸易关系在曲折中起步，发展速度缓慢。

第五章　中巴贸易关系发展时期：80年代初到90年代中后期

　　本章将论述中国进入改革开放与巴西进入"失去的十年"期间两国的贸易关系。第一节分析了改革开放后中国转变发展战略，在实行进口替代的同时，积极鼓励出口，由内向型向外向型发展战略转变。这一时期中国的对外贸易政策也由内向型转向一般外向型，重视外部市场对经济发展的作用。第二节阐述巴西进入危机之后的发展战略调整，从进口替代转向出口促进和进口替代相结合的发展战略，对外贸易政策也更为强调出口的重要性，实行"限入奖出"的贸易政策。第三节分别回顾了中国的不结盟战略和巴西的自主外交历程。第四节从双方的发展战略和对外战略角度入手，分析缘何外向型发展和战略上相互重视会导致中巴贸易发展。

第一节 中国保护性出口促进发展战略与一般外向型贸易政策（1979—1996年）

一、保护性出口促进发展战略

总体而言，自改革开放之后，"我国对外贸易在继续进行互通有余、调剂余缺的同时，树立了积极参与、充分利用国际分工、重视对外贸易盈利性的指导思想"。[1] 一方面，强调进口替代发展战略在中国经济中的重要意义，仍然关注国内市场的作用；另一方面，实行改革开放，鼓励出口，重视国际市场在对外贸易发展中的作用。这一时期中国的发展战略处于转型时期，处于内向型进口替代向外向型出口促进发展战略转变阶段，同时兼有这两种发展战略的某些特性。通过改革开放后的改革实践，建立起以轻工业为主的加工制造业，工业化发展进入以轻工业为主的高度工业化发展阶段。通过外贸和利用外资来支持轻工业部门的发展，工业化过程中出现了明显的轻型化趋势。[2]

1989年，政府开始调整工业结构，控制一般加工业发展，加强基础工业和基础设施建设。"坚持并改进鼓励出口的政策措施，积极发展出口商品生产。""凡是国内能够生产的原材料和机电设

---

[1] 朱立南著：《中国对外贸易》，首都师范大学出版社1994年版，第17页。
[2] 郭克莎著：《新时期工业化发展战略与政策》，人民出版社2004年版，第18、19页。

备,都要积极发展进口替代,加快国产化的进程。"①"在努力扩大外贸出口的同时,合理安排进口,把有限的外汇集中用于保证国家重点生产建设的重要设备和物资的进口。"②"八五"计划时期,"逐步实现由粗加工制成品出口为主向精加工制成品出口为主的转变","实行有利于扩大出口的政策和措施,鼓励出口商品的生产","按照产业政策正确引导外商投资,发展出口创汇型、技术先进型项目"。③

1992年之后,国家鼓励扩大国内技术趋于成熟的家电产品和其他机电产品的出口,鼓励引进新技术和相关的关键设备、零部件,以支持国内新兴产业的发展。改革开放后,"中国经济增长仍然由国内需求拉动,整体上仍然实行的是进口替代发展战略"。④

二、一般外向型贸易政策

(一) 贸易政策

十一届三中全会之后,中国开启了改革开放的历史进程。为了

---

① 《中共中央关于进一步治理整顿和深化改革的决定(摘要)》,《十三大以来重要文献选编》(中),人民出版社1991年版,第704、705页。
② 李鹏:"为我国政治经济和社会的进一步稳定发展而奋斗",《十三大以来重要文献选编》(中),人民出版社1991年版,第977页。
③ 《中共中央关于制定国民经济和社会发展十年规划和"八五"计划的建议》,《十三大以来重要文献选编》(中),人民出版社1991年版,第1413页。
④ 朱文晖:"中国出口导向战略的迷失——大国的经验与中国的选择",《战略与管理》1998年第5期,第59—69页。

摆脱经济封闭发展的现状，中国实行了实行全方位、多层次、宽领域的对外开放政策，对建国后所建立的高度集中的计划经济进行了多方面的改革，逐步减少国家对经济的控制，开放国内市场。改革开放之后，在经济改革的大背景下，中国改变了对外贸易统制体制，对外贸易总政策从改革前的内向型保护贸易政策，逐步转变为一般外向型贸易政策，在继续对民族工业实行保护的同时，又开放部分国内市场，在部分地区实行经济改革试点，是一种开放型的适度保护贸易政策。在总体上实行保护性贸易政策的同时，出口具有比较优势的初级产品，实行鼓励出口的政策，经济由封闭逐渐走向开放，与外部世界的经济联系加强。总体来看，改革开放后，中国的贸易政策处在不断转型的过程中，日益从内向型向外向型贸易政策转变，对进口的限制逐步减少，大力鼓励出口，对进出口的限制越来越少。

为了实施这种贸易政策，中国对贸易体制和微观具体政策进行了一系列改革，这些举措日渐转变着中国的贸易政策。

（二）实施措施

1. 外贸体制

为了促进出口，中国对贸易体制进行了一系列改革，改变建国后所沿袭的外贸统制体制，对外贸易总体上实行国家统一领导，管理方式发生了一定的改变。

1984年，国务院确定政企分开、简政放权、实行代理、改革计划和财政体制的外贸体制改革五项原则，在外贸领域逐步放权，并减少指令性计划的控制。1988年，中国全面推行外贸承包经营责任制，逐步实现自负盈亏，同时还实行代理制。1990年，国家取消对外贸出口的各项财政补贴，外贸逐步走上统一政策，平等竞争，自主经营。1994年，开始转换外贸企业经营机制，逐步建立现代企业制度。①

改革开放后，中国的外贸经营管理体制进行了多方面的改革，采取各种优惠措施鼓励出口，为促进中国的对外贸易发展起到重要作用。中国政府开始采用国际上通行的关税、许可证、配额等商业政策手段来取代计划手段。这些手段都是倾向于贸易保护的，所以会诱使产品在国内销售而不是出口。总体而言，国家仍然对进出口贸易发挥着强有力的行政干预作用，实行进口替代来保护国内新兴产业的发展。

2. 汇率措施

1978年以前，中国一直对外汇实行严格的管制。改革开放之后，中国的外汇管理体制逐步由高度集中向与市场经济相适应的外汇管理体制转变。1979年，实行外汇留成制度。1980年12月，中国正式采用有一定弹性的外汇管理制度。1986年，允许企业之间通过中国银行进行外汇调剂。1988年，开始实行双重汇率体制。1994年1月11日，实行以市场供求为基础的、单一的、有管理的人民币浮动汇率制，取消汇率双轨制。1996年，开始允许外商投资企业参加外汇指定银行的结汇制与售汇制。1996年12月1日，中国实现人民币经常项目下可自由兑换。

---

① 中共中央文献研究室编：《十四大以来重要文献选编》（上），人民出版社1996年版，第639—644页。

改革开放以来，中国的外汇管理从政府管制到逐步体现市场价值的浮动利率制，有利于发挥人民币汇率对我国对外贸易的宏观调控作用，为我国各类外贸企业创造了平等竞争的环境，提高了出口商品的国际竞争能力，有利于调动出口企业的积极性。①

3. 关税措施

从 1979 年开始，中国对来料加工商品所进口的原材料免征关税、工商税。1980 年，国家恢复征收关税，并于 1982 年对进出口税则的税率进行调整。1984 年，依据鼓励出口和扩大必需品进口，保护和促进国民经济发展的原则，对关税法进行了修订。1985 年开始，中国开始实行出口退税制度。1985 年颁布以扩大必需品进口，鼓励出口为原则的关税条例。基于有利于促进市场竞争和国际经济交流的原则，在 1987 年和 1992 年对关税条例进行修订。②

1992 年中国实行新的税则，取消了进口调节税。同年，调低 225 个税目商品的进口关税率，关税总水平下降 7.3%。1993 年底，调低 2898 个税目的关税率。1994 年，国家大幅度降低小汽车进口关税率。1996 年，又下调涉及 5000 多个税目的进口关税。1997 年，再次下调涉及 4874 个税目的商品税率，降幅达 26%。③ 从图 5—1 可

---

① 有关中国外汇改革过程中更为详细的资料可参见 LIN Guijun, Ronald M. SCHRAMM, "China's Foreign Exchange Policies Since 1979: A Review of Developments and An Assessment", *China Economic Review*, Vol. 14, 2003, pp. 266-269。
② 柳博主编：《国际贸易基础》，华南理工大学出版社 2006 年版，第 139 页。
③ 海闻、P. 林德特、王新奎著：《国际贸易》，上海人民出版社 2011 年版，第 335 页；尹翔硕著：《加入 WTO 后的中国对外贸易战》，复旦大学出版社 2001 年版，第 132 页。

以看出，改革开放后，中国的关税水平逐渐降低，对国内市场的保护力度减弱。

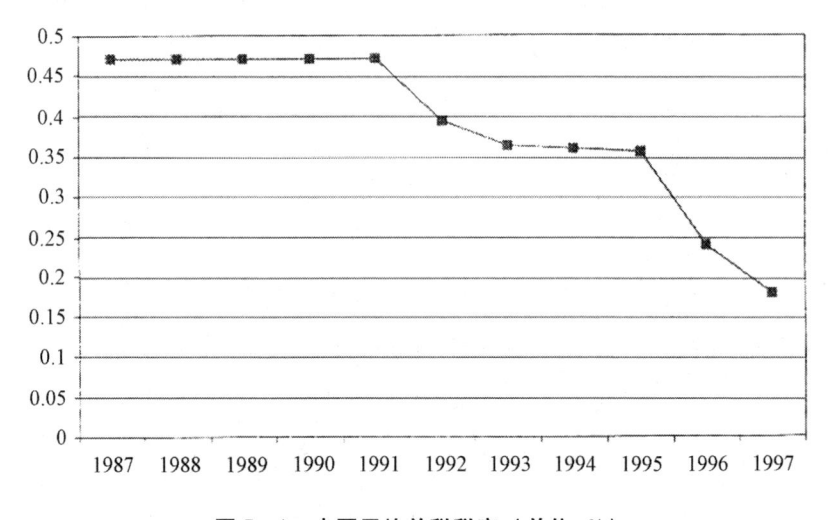

图 5—1 中国平均关税税率（单位：%）

数据来源：B. Chen，Y. Feng，"Openness and Trade Policy in China: An Industrial Analysis"，*China Economic Review*，Vol. 11，2000，p. 329.

4. 非关税贸易壁垒

随着经济改革进程的不断推进，国家逐步减少财政对主要进口商品亏损实行的价格补贴，取消双轨制价格下的外汇留存制度，对进口的刺激减弱；实行出口退税，同时对用于出口的进口投入品免税和减税优惠。

从 1987 年开始，对 42 种商品实行进口许可证管理，实行许可证管理的商品的进口总额占全部进口总额的 1/3 左右。从 1992 年初到 1996 年初，我国累计取消进口许可证约 2565 项。① 1998 年前，国家实行配额许可证管理的商品达 114 种，2002 年减少至 54 种，2003 年又减至 50 种。同时还取消了四种重要工业品进口配额许可证管理，仅对四种商品实行进口配额许可证管理。大宗商品出口经营管理体制也进行了改革，原有 16 种大宗商品统一联合经营体制已被取消，② 对进口的限制日渐减少。

5. 外资举措

在改革开放之前，中国虽有一些对外借款和引进资金技术项目，但基本上排斥私人外商直接投资。改革开放后，中国逐步放松对外资的管制，减少对外资的限制，鼓励外资进入中国，实行"引进来"的战略。

十二大提出，"要促进国内产品进入国际市场，大力扩展对外贸易。要尽可能地多利用一些可以利用的外国资金进行建设"。③ 1986 年出台鼓励外商投资文件，鼓励外商投资产品出口企业、先进技术企业，对这些企业进行税收优惠。④ 十四大后，减少对外商外资的多种限制，大幅度扩大外商直接投资的领域和产业范围，进一步完善外资政策和法规体系。对基础工业和基础设施领域的外商直接投资以及能扩大产品出口的外资企业实施优惠的税收政策。

---

① 吴敬琏著：《当代中国经济改革：战略与实施》，上海远东出版社 1999 年版，第 361 页。
② 顾卫平著：《当代世界经济与中国对外贸易研究》，上海大学出版社 2004 年版，第 237 页。
③ 胡耀邦："全面开创社会主义现代化建设的新局面"，《十一届三中全会以来重要文献选读》（上），人民出版社 1987 年版，第 487 页。
④ 中共中央文献研究室编：《十二大以来重要文献选编》（下），人民出版社 1988 年版，第 1191 页。

(三) 政策后果

改革开放前期，中国仍然实行进口替代发展战略，歧视进口，反对出口。随着改革开放的力度不断加大，中国实行鼓励出口的政策。自从改革开放以来，随着进出口管制放松，中国的出口贸易得以与世界贸易出口同步增长。90年代实行更为广泛的贸易改革之后，进出口增长速度快速攀升。[①] 从图5—2能够看出，从1994年开始，随着一系列鼓励出口的措施出台，中国出口规模超过进口规模的态势逐年稳定。由此开始，出口总额开始高于进口总额，呈现连续多年的贸易顺差局面，出口出现强劲增长的势头。

由于生产力水平低下，中国在工业化过程中还得不断地从国外进口国内所需但不能自己生产的机器设备。随着经济日益发展，中国对原材料的需求不断提高，拉动了初级产品的进口需求。从出口商品类型可以看出，改革开放初期，我国主要出口初级产品，初级产品出口占整个出口比重的一半左右。随着经济发展，工业制成品日益成为推动中国对外贸易的最重要动力。[②] "出口商品结构在20世纪80年代实现了由初级产品为主向工业制成品为主的转变，到90年代实现了由轻纺产品为主向机电产品为主的转变。"[③] 中国初级产品出口占出口总额的比例已由1980年的50.3%下降到1997年的

[①] Thomas Rumbaugh & Nicolas Blancher, "China: International Trade and WTO Accession", *International Monetary Fund*, Working Paper, 2004, p.19.
[②] 国家统计局编：《中国统计年鉴2010》，中国统计出版社2011年版，对外经济贸易子目，http://www.stats.gov.cn/tjsj/ndsj/2010/indexch.htm。
[③] 中华人民共和国国务院新闻办公室：《中国的对外贸易》，人民出版社2011年版，第2页。王平、钱学锋著：《WTO与中国对外贸易》，武汉大学出版社2004年版，第102页。

13.1%，与此相对应，工业制成品出口占出口总额的比重由 49.7% 上升到 87.9%，出口商品结构基本实现了由初级产品为主向工业制成品为主的转变。

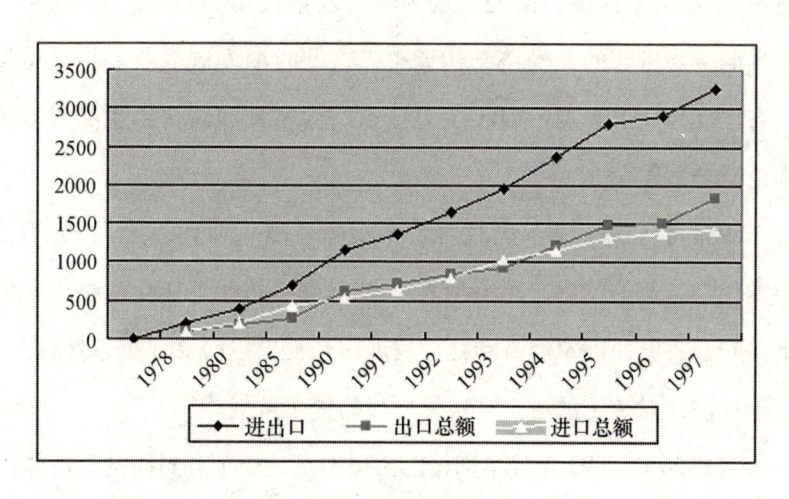

图 5—2　1978—1997 年中国进出口总额（单位：亿美元）

◆ 第二节　巴西保护性出口促进发展战略与一般外向型贸易政策（1981—1995 年）◆

一、保护性出口促进发展战略

军政府晚期，第二次石油危机和国际信贷利率的大幅提高，使得巴西出现贸易赤字，国际收支逆差。由于实行负债发展战略，债务危机引发了金融危机，形成了"失去的十年"，巴西工业化发展进程处于间歇时期。1981 年，巴西政府确定不再追求经济的高增长，转而实行替代进口和出口促进相结合的发展战略。①

为了应对 20 世纪 80 年代的危机，巴西进行了经济调整。如果将 80 年代上半期进行的调整视为经济政策改革的话，那么 80 年代后半期主要进行的是经济结构调整。这一时期发展战略的指导思想具有"实用主义色彩，吸收了包括新结构主义和新自由主义等多种理论成分"。②

1988 年 5 月，萨尔内政府宣布实施"新工业化政策"，大力发展重化学工业的策略。80 年代末，针对进口替代工业化战略出现的诸多问题，巴西国家经济和社会发展银行提出巴西要"竞争性融入"世界经济，对传统的进口替代发展战略提出挑战。③

直到 20 世纪 90 年代早期，巴西仍然是一个十分封闭的经济体。④ 1990 年，科洛尔执政后，面对的首要问题仍然是如何稳定经济，尤其是治理通货膨胀问题。科洛尔政府实行以新自由主义模式为主导的发展战略来取代二战后巴西一直采用的进口替代发展战略，⑤ 实行贸易

---

① 徐宝华："八十年代拉美国家经济发展战略的调整"，《拉丁美洲研究》1986 年第 3 期，第 20 页。

② 吴国平："试论 80 年代拉丁美洲经济发展模式的转变"，《拉丁美洲研究》1992 年第 5 期，第 4 页。

③ Jogen Dige Pedersen, *Globalization, Development, and The State: The Performance of India and Brazil since 1990*, Palgrave Macmilla, 2008, p. 47. 曾昭耀主编：《现代化战略选择与国际关系》，社会科学文献出版社 2000 年版，第 195 页。

④ Angela da Rocha, Alexandre Darzé, Beatriz Kury and Joana Monteiro, "The Emergence of New and Successful Export Activities in Brazil: Four Case Studies from the Manufacturing and the Agricultural Sector", Inter-American Development Bank, Research Network Working Paper #R –550, September 2008, p. 12.

⑤ Richard Westra, *Confronting Global Neoliberalism: Third World Resistance and Development Strategies*, Clarity Press, 2010, p. 33.

自由化、市场国际化、国有企业私有化为主要特征的经济改革,实行外向型发展战略。科洛尔政府实行以"改革与调整"为主要内涵的"新巴西计划",治理通货膨胀,对国有企业实行私有化,以实现工农业现代化为重点,实行经济对外开放,加速了巴西的现代化进程,[①]由此拉开了新的工业化发展序幕,巴西进入到"改革的十年"(the decade of reforms),[②] 开始了经济开放进程。

二、一般外向型贸易政策

(一) 贸易政策

随着发展战略从内向型进口替代逐渐转向外向型出口促进发展战略,巴西的贸易政策也随之发生变化,由保护贸易逐步走向贸易自由化。从图5—3可知,20世纪80年代,巴西实行进口替代发展战略,鼓励出口,限制进口,导致出口增加。之所以采取这种"限入奖出"的政策,是因为面临债务危机的压力,只有通过出口赚汇来偿还巨额债务。进入90年代后,继续实行"限入奖出"的同时,对外开放政策对出口的刺激作用日益显著。从1990年开始,新自由主义的自由贸易政策开始施行,逐步取消进口替代发展战略下的高度保护贸易制度,随着经济恢复,国内需求提

[①] 吕银春、周俊南编著:《巴西》,社会科学文献出版社2004年版,第112页。
[②] Renato Baumann, *Brasil: Um Década em Transicão*, Rio de Janeiro: Editore Campus/CEPAL, 2000, p. 18. 转引自 Jogen Dige Pedersen, *Globalization, Development, and The State: The Performance of India and Brazil since 1990*, Palgrave Macmilla, 2008, p. 47.

高，进口增加。

从1983年开始，逐渐减少通过汇率措施来刺激出口，逐步转向更加开放和自由的贸易政策。巴西于1988年开始实行贸易自由化，但是自由化的速度较慢。[1] 同年，基本上取消了对出口的激励、补贴和金融支持。1990年，除了实行小额汇率贬值对出口略有影响外，取消了对外贸易局和财政让利特别出口项目委员会。[2] 进口税减少，出口简化，大部分的出口刺激不复存在，保护体系也大幅减弱。"90年代早期，巴西贸易政策的重点转移到进口自由化，出口政策退居第二位"，[3] 进口增长明显，贸易总量不断提高。

（二）实施措施

20世纪80年代是巴西经济调整时期，短期内的调整是为了抑制通货膨胀、稳定经济，长期调整则将有选择地进口替代和面向出口的工业化相结合，保持工农业的平衡发展。[4] 巴西经济更加开放，贸易也日益开放，为了提高工业部门效益，增加市场竞争意识，逐步取消了种种限制进口的措施，开放本国市场。

---

[1] Mauricio Mesquita Moreira & Paulo Guilherme Correa, "A First Look at the Impacts of Trade Liberalization on Brazilian Manufacturing Industry", *World Development*, Vol. 26, No. 10, p. 1860.

[2] 该机构由财政部于1972为促进出口而创设。

[3] Veiga, Pedro da Motta, "Brazil's Trade Policy: Moving Away from Old Paradigms", p. 6. in Lael Brainard and Leonardo Martinez-Diaz (eds.), *Brazil as an Economic Superpower? Understanding Brazil's Changing Role in the Global Economy*, Brookings Institution Press, 2009.

[4] 陈舜英等著：《经济发展与通货膨胀——拉丁美洲的理论和实践》，中国财政经济出版社1990年版，第30页。

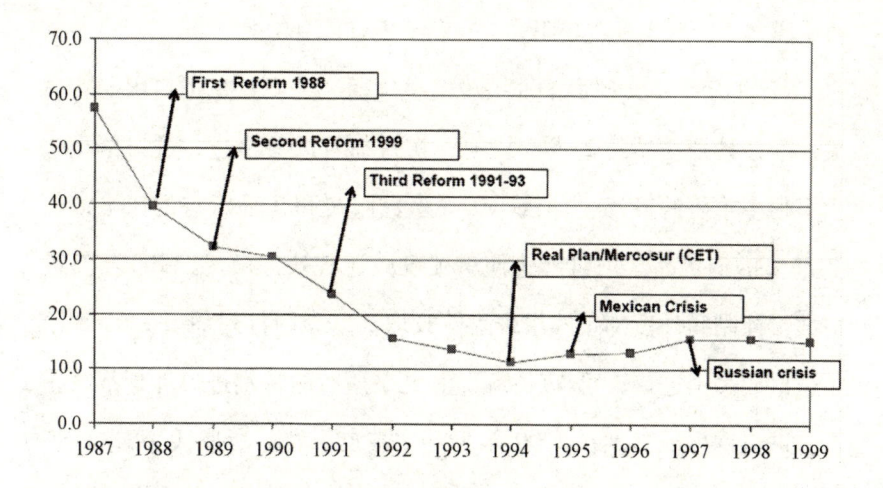

图 5—3　1987—1999 年巴西加权平均名义关税（单位：%）

资料来源：Mauricio Mesquita Moreira,"Brazil's Trade Policy: Old and New Issues 2009", IDB WORKING PAPER SERIES #IDB-WP-139, December, 2009, p. 3.

贸易自由化伊始，巴西的关税结构如同进口替代初期。实行自由贸易以来，关税水平迅速下降。从图 5—3 可以得知，经历三次税收改革后，巴西的整体关税水平大幅下降，加权平均名义关税从 1987 的 58% 下降到 1993 年的 13.6%，对国内市场的保护力度大大降低。1990 年 3 月开始的贸易改革几乎取消了所有的关税配额。[①] 1991 年 3 月，巴西与阿根廷、巴拉圭签署《亚松森条约》，成立南方共同市场，减少区域内贸易关税，同时实行单边贸易自由化。南方共同市场是巴西经济发展的首要战略举措。[②] 削减关税是巴西减少国内市场保护的重

[①] D. Rodick, "The Rush to Free Trade in the Developing World: Why So Late? Why Now? Will It Last?", *NBER Working Paper*, No. 3947, January 1992, pp. 3-4.
[②] Myriam Dyke, "Regional Integration and Global Insertion: The Latin American Case", (Draft Version), University of St. Thomas. 2007, p. 15.

要手段之一，减少了进口阻力，有利于进口自由化。

截至 1989 年，巴西的非关税壁垒包括一系列数量进口限制，占关税削减计划物品的 21%。同时，实行临时进口禁止，进口禁止包含了很多重要的商品，如汽车、大多数服装和几乎所有的家电，包括 36% 的消费品。进口禁止使得关税减让收效甚微。[①] 1990 年，进口数量控制和外贸部正式报告附件 C 取消（该附件列举了 1300 种禁止进口或吊销进口许可证的商品），几乎所有的特别进口计划都终止了。进口许可证制度在 1990 年 3 月才被自由贸易所取代，[②] 取消了大部分的非关税壁垒和补贴。1990 月 5 月初，科洛尔政府宣布取消对 2500 多种商品的禁止进口，逐步开放计算机信息市场。1991 年，消除了所有的非关税壁垒，开始实行为期 4 年的关税消减计划。与南方共同市场成员国开始地区一体化。1992 年 10 月，取消电脑产品的进口限制。进口保护和出口补贴呈现先增强后减弱的态势。[③] 消除非关税壁垒是贸易自由化的关键举措之一，是进口顺利进行的重要条件。

除了上述关税和非关税贸易措施外，实现外汇自由化，通过向出口商提供贷款、修改汇率等措施来刺激出口。"90 年代，巴西对

---

① William Tyler & Angelo Costa Gurgel, "Brazilian trade policies: some observed and estimated effects of the 1990s liberalization", *Estudos Economicos*, São Paulo, Vol. 39, No. 1, Janeiro-Marco, 2009, p. 63.

② André Nassif, "National Innovation System and Macroeconomic Policies: Brazil and India in Comparative Perspective", *United Nations Conferenec on Trade and Development Dissusion Paper*, No. 184, May 2007, p. 4.

③ Armando Castelar Pinheiro, Indermit S. Gill, Luis Servén & Mark Roland Thomas, "Brazilian Economic Growth, 1900 – 2000: Lessons and Policy Implications", Inter-American Development Bank, May 2004, pp. 25 – 26.

电信、石油、采矿和金融等部门实行对外开放，并规定外国投资者在巴西享受国民待遇，促进了外国投资不断增长。"①

(三) 政策后果

整个20世纪80年代，巴西经济都面临经济衰退、高通货膨胀和高额外债的困扰。1982年底，巴西陷入由债务危机引发的经济危机之中。1980—1984年间，通货膨胀率已经达到148%，1985—1989年更是高达707.4%。②从图5—4可以看出，巴西经济在较长时期内一度出现负增长，经济处于大幅波动状态。1980—1993年之间，巴西经济年均GDP增长率约为2.3%，经济增长缓慢。

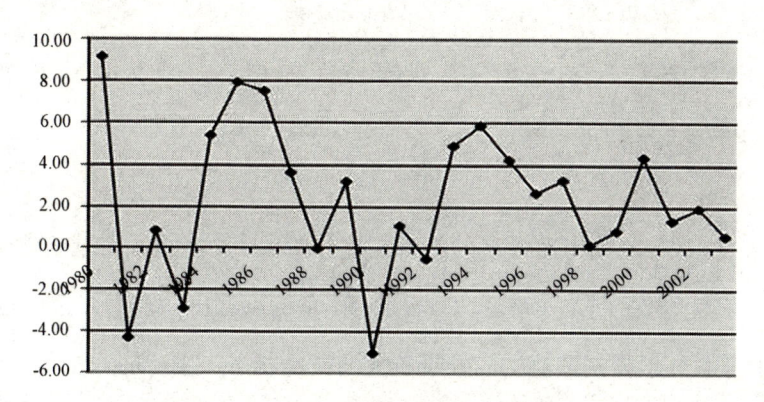

图5—4 巴西GDP年增长率（单位:%）

数据来源：Jogen Dige Pedersen, *Globalization, Development, and The State: The Performance of India and Brazil since 1990*, Palgrave Macmilla, 2008, p.53.

---

① 尚德良、孙岩峰：《从金融动荡看巴西经济形势》，《现代国际关系》1999年第5期，第28页。

② G. Tullio and M. Ronci, "Brazilian Inflation from 1980 to 1993: Cause, Consequences and Dynamics", *Journal of Latin American Studies*, October 1996, p.635.

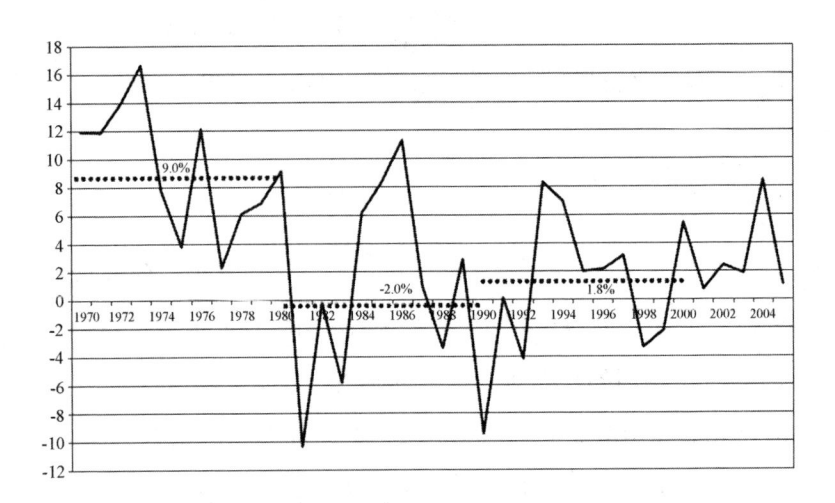

图 5—5　1970—2005 年巴西制造业年增长率（单位%）

注：虚线为十年平均增长率，实线为年均增长率。

资料来源：Jogen Dige Pedersen, *Globalization, Development, and The Performance of India and Brazil since 1990*, Palgrave Macmilla, 2008, p. 53.

军政府时期高速发展的经济在这一阶段突然停止，工业增长的良好势头被打断，发展乏力。从图 5—5 可以看出，在整个 20 世纪 80 年代，巴西制造业生产处于较大的波动状态，生产能力被严重削弱，整体上看，生产能力处于倒退状态。实行改革后，制造业的工业生产能力依然低下，增长缓慢，尚未进入快速发展的轨道。

80 年代经济危机造成国民经济停滞不前，极大地削弱了巴西的经济实力，巴西国力排名从世界第八位降到第九位。[①] 1990 年，科

[①] 联合国开发计划署：《2001 年人类发展报告》，中国财政经济出版社 2001 年版，第 177 页。

洛尔上台后,在 3 月份颁布了《科洛尔计划》,力图实行对外开放,实现巴西经济现代化,促使巴西企业参与国际竞争。科洛尔政府放弃了巴西实施几十年的进口替代发展战略,开始了经济对外开放进程,加速了经济现代化的步伐,开创了经济发展的新时期,深刻地改变了经济结构,加速了巴西经济国际化水平。[①]

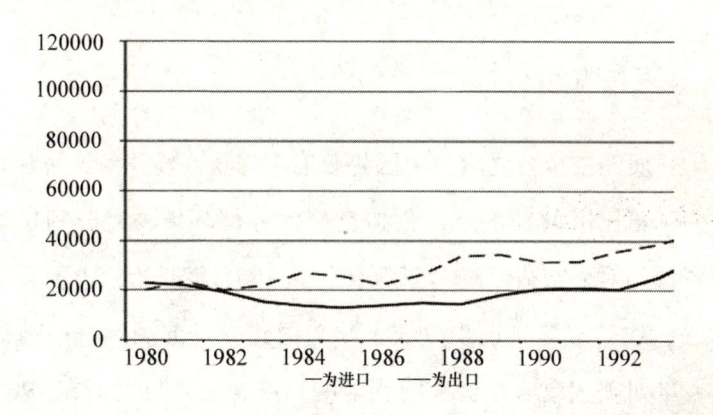

图 5—6　1980—1993 年巴西进出口额（单位：百万美元）

资料来源：Jogen Dige Pedersen, *Globalization, Development, and The State: The Performance of India and Brazil since 1990*, Palgrave Macmilla, 2008, p. 48.

从图 5—6 可以得知,1983—1988 年,巴西进口急剧减少,进口缩减 20.4%,出口总量增加 70.8%,呈现出口大幅增加而进口显著减少的趋势。实行贸易自由化改革后,进口又有所回升,但总量上仍然不及出口。生产结构中工业产值的增加,引起了进出口贸易结

[①] 吕银春著:《经济发展与社会公正：巴西实例研究报告》,世界知识出版社 2003 年版,第 42 页。

构的变化，改变了以农产品出口换取制成品进口的传统贸易结构。部分依靠进口的消费品能在国内市场得以满足，有些制成品不仅能够生产，还能出口到国外。

◆ 第三节 中国的不结盟与巴西的自主外交 ◆

一、不结盟战略

十一届三中全会之后，中国将政府工作重心转移到经济建设上来，为了给国家的经济建设创造良好的外部环境，充分利用外部各种资源，对外交战略进行了调整。从1981年开始，中国开始调整"一条线"战略，逐步改变了与美国建立反苏国际统一战线的策略。针对美国政府在台湾问题上的态度，最终与美国在1982年签订了《8·17联合公报》，中国与美国从准结盟关系转变为正常的国家关系。1982年，十二大报告中正式提出，中国要"坚持独立自主的对外政策"。

1984年5月，邓小平指出，中国的对外政策是独立自主的。相对于50年代与苏联结盟的"一边倒"外交战略和70年代初与美国实行的"一条线"外交战略而言，这一政策最大的区别就在于它是"真正的不结盟"，"不以意识形态定亲疏"。独立自主外交政策表明："中国不打美国牌，也不打苏联牌，中国也不允许别人打中国牌。"独立自主外交战略的目标是"争取世界和平，并为中国创造一个和平的环境"，使中国能"一心一意搞现代化建设，发展自己的国家,建设具有中国特色的社会主义"。①

1985年,根据对世界形势的综合分析以及对中国周围环境的评估,我们改变了原来长久以来对战争岌岌可危的认识,认为现阶段战争可以避免。和平与发展已经成为时代主题,世界各国主要关注和平,致力于经济发展。"和平与发展是中国外交的总战略,在中国的外交战略中具有纲领性质,在中国当代的外交战略体系中,它们在很长一段时间中将处于支配、制约其他战略的地位,决定了中国外交走向。"②

在第七个五年计划中明确提出,为了实行现代化建设的和平发展计划,我们必须继续坚持独立自主的和平外交政策,争取一个长期的和平国际环境。第七个五年计划认为,中国将坚持长期实行对外开放,在平等互利的基础上不断扩大和发展同各国的经济、贸易、技术交流与合作。中国的开放政策面向全世界,既对资本主义国家开放,也对社会主义国家开放;既对发达国家开放,也对广大发展中国家开放。致力于发展同所有国家的关系,不再以大国画线。中国与美国保持在一定的距离内,在美国和苏联之间保持平衡,加强与第三世界的合作。③ 坚持把加强和发展同第三世界国家的团结与合作作为中国对外工作的一个基本立足点。

1989年春夏之交的政治风波后,以美国为首的西方国家对中国

---

① 中共中央文献研究室编:《邓小平思想年谱》,中央文献出版社1998年版,第334页。邓小平著:《邓小平文选》第3卷,人民出版社1993年版,第57页。

② 叶自成著:《新中国外交思想:从毛泽东到邓小平——毛泽东、周恩来、邓小平外交思想比较研究》,北京大学出版社2001年版,第97页。

③ Wang Jisi, "International Relations Theory and the Study of Chinese Foreign Policy: A Chinese Perspective", in Chinese Foreign Policy: Theory and Practice, ed. Thomas W. Robinson and David Shambaugh, New York: Oxford University Press, 1998, p. 485.

实行全面制裁,加上东欧剧变、苏联解体、两极格局瓦解、国际环境恶化,中国外交受到严峻的挑战。在历史变化的重要时刻,以邓小平为核心的中国第二代领导集体,以非凡的洞察力、驾驭全局的控制力,深刻及时地提出了新中国外交的指导方针,这就是:冷静观察、沉着应付、稳住阵脚、韬光养晦、有所作为。在打破外交封锁的斗争中,中国在涉及国家主权和民族尊严的问题上坚持原则,决不妥协,但同时注意掌握"有理、有利、有节"的原则。

改革开放后,中国改变了"一条线"战略,实行独立自主的对外政策,更加重视第三世界国家在维护世界和平与发展中的作用,与发展中国家开展了广泛的交流与合作。第三世界国家不再是以前国际统一战线中反对霸权主义的组成力量,逐渐成为中国对外工作的基本立足点,成为中国外交的重要一环。

二、自主外交

在历史上,巴西向来都重视与欧洲国家的经贸关系,二战后,巴西在经济上依赖美国。世界石油危机之后,欧美国家加强贸易保护的力度,巴西经济赖以发展的外部市场被严重削弱,促使其扩大同第三世界的经济贸易来往,以此来拓展本国的商品销售市场和进口来源地。

菲格雷多执政后,继续实行"负责的实用主义"外交政策,把争取和平与发展作为巴西外交政策的目的。实行对外关系多元化方针,既加强与发达国家的传统友好关系,也面向发展中国家建立平等关系。"巴西外交政策的目的是与世界各国建立平等关系","既不接受奴役，也不接受霸权"。"巴西外交政策的宗旨是为民族利益服务，外交活动的重要任务之一是为国内经济发展开拓市场，为实现对外经济发展的全球战略服务。"① "虽然面临着严重的国内经济问题，巴西仍继续执行其对外政策，坚持建立更公正的国际秩序的目标，特别是在南北关系方面。巴西的对外政策比以往任何时候都紧密地同国家的特殊利益和具体利益相连。"②

萨内尔政府时期（1985—1990年），巴西积极主动地加入到拉美地区一体化进程中去，还尝试着通过《联合国宪章》改革而顺理成章地成为安理会常任理事国。科洛尔（1990—1992年）政府时期，巴西在拉美地区实行核不扩散，放弃军事核武器计划、过度的商业保护主义，实行新的外交政策。巴西宁可成为"最落后的发达国家，也不希望是最发达的欠发达国家"。③科洛尔在1990年3月的就职演说中表示，巴西要"在优先发展同邻国经济一体化的同时，将外交政策的重点转向西方发达国家"，④更多地基于经济原因和相互利益来决定对外伙伴。1992年10月，巴西政府制定了"亚洲战略"，将亚洲作为其对外关系的优先目标之一，重点加强发展与中国、日本及东南亚国家的合作关系。⑤ 在亚太地区，巴西尤为重视同

---

① 陈作彬："近年来巴西政治经济形势综述"，《拉丁美洲研究》1982年第2期，第16、18页。
② 《参考资料》1980年5月9日，第18105期。第80页。
③ Paulo Roberto de Almeida, "Brazil as a Regional Player and an Emerging Global Power: Foreign Policy Strategies and the Impact on the New International Order", Friedrich Ebert Stiftung Briefing Paper 8, July 2007, p. 3.
④ 焦震衡："巴西经济外交在经济模式转型中的作用"，《世界经济与政治》1996年第6期，第61页。
⑤ 曾昭耀主编：《现代化战略选择与国际关系》，社会科学文献出版社2000年版，第215页。

中国的关系，发展同中国的"战略性伙伴关系"。[①]

巴西实行对外战略转型以来，在强化与欧美国家的传统关系的同时，更为重视发展中国家对巴西发展的重要意义，同本地区及世界上其他发展中国家共同合作，为实现本国的经济利益服务。

改革开放后，为了营造良好的经济发展外部环境，中国实行不结盟对外战略和独立自主的对外政策，加强与世界各国建立平等互利的外交关系。在处理好与大国的对外关系的同时，愈加重视与发展中国家在各个领域的团结与合作。菲格雷多执政后，巴西对外战略转型，实行对外关系多元化方针，试图发展与世界各国的友好往来。20世纪90年代后，巴西更加重视亚洲在其对外战略的地位，将该地区视为本国对外关系的优先发展对象之一。在中巴两国对外战略的共同作用下，巴西总统和中国总理实现了历史性互访，政治高层交流增多，并于1993年建立战略伙伴关系，双边政治关系进入更高的阶段。

第四节 中巴外向发展、互相重视与双边贸易关系发展

一、外向型发展战略

改革开放后，中国在继续实行进口替代发展战略的同时，鼓励

[①] 焦震衡："巴西经济外交在经济模式转型中的作用"，《世界经济与政治》1996年第6期，第62页。

出口，实行的是保护性出口促进发展战略，体现出混合型发展战略的特点。发展战略决定了中国对外贸易总政策的趋势兼有对进口的限制和对出口的鼓励。一方面，继续对工业化进程中的新兴产业和基础工业实行保护，为提高中国的制造业能力打下了坚实的基础；另一方面，又根据中国经济发展的实际，鼓励具有比较优势的劳动密集型产业的出口，提高中国的外汇盈余能力。发展战略决定了中国改革开放后的进出口商品结构。改革初期，中国主要出口初级产品，进口工业制成品。随着改革的推进，中国生产能力不断提高，出口商品结构得以改善，逐步出口越来越多的制成品，商品类型由轻纺产品向机电产品转变。

军政府后期，由于受到债务危机的影响，巴西经济进入漫长的滞涨期。面对国内经济低迷的现状，20世纪80年代，巴西政府在继续进口替代发展战略的同时，实行鼓励出口的政策。进入90年代后，巴西对二战后所形成的封闭经济体制进行了一系列结构性调整，实行以新自由主义思想为主导的经济改革，大力推行贸易自由化、市场国际化、国有企业私有化为基础的经济改革。在80年代"失去的十年"期间，巴西实行"限入奖出"的保护贸易政策。进入90年代"改革的十年"后，巴西在继续实行"限入奖出"的保护贸易政策的同时，对进口的限制逐渐减少，鼓励出口，逐步向自由贸易政策转变。80年代末之前，巴西进口急剧减少，出口大幅增加，出口多于进口。实行贸易自由化改革后，进口又有所回升，但总量上仍然不及出口。进出口商品结构仍然是初级产品，但工业制成品的比重逐渐提高，进口商品以工业制成品为主。

从发展战略上来看，中巴两国均处于战略转型时期，都采取进口替代和出口鼓励的发展战略,处于由内向型战略向外向型战略转变的阶段,对外贸易政策也呈现出由保护贸易政策向自由贸易政策转变的特点,对进口的限制减弱,日益鼓励出口,而且进出口商品结构较为相似。

二、互相重视的对外战略

改革开放之后,中国改变了70年代的"一条线"战略,实行真正的不结盟对外战略,坚持独立自主的外交政策,形成了全方位的改革开放格局,不仅发展同发达国家往来,而且也密切和苏联及东欧国家的联系,巩固与发展中家的关系。

1976年,中国在较短时间内摆脱了意识形态的干扰,走向务实政治。十一届三中全会后,将党和国家的中心从"以阶级斗争为纲"转向以经济建设为中心,实行了主要是面向西方国家的全方位对外开放,意识形态外交逐步转向务实外交,中国在处理与其他国家关系时不以意识形态和社会制度划线。中国外交政策的趋向逐渐由意识形态转向国家利益的考虑,[1] "经济目标和手段占据重要地位"。[2] 中国致力于实现"四个现代化",经济利益成为中国外交政策首要关注,急切从发达国家引进技术和资金来发展本国经济。此时中国加强与发展中国家的关系并非为了输出革命或对抗苏联,而是为了增

---

[1] 钱其琛著:《外交十记》,世界知识出版社2003年版,第6页。
[2] Eric Heginbotham, "Evaluating China's Strategy Toward the Developing World", in *China and the Developing World: Beijing's Strategy for the Twenty-first Century*, ed. Joshua Eisenman, Eric Heginbotham, and Derek Mitchell, M. E. Sharpe, Inc., 2007, p. 189.

加商品进出口市场。①

中国对外战略转型导致经济因素在对外政策中的重要性得以提升，从而引发了对外贸易地理方向的变化，使得中国的对外贸易对象进一步扩大。截至20世纪80年底末，中国已经和世界上170个国家建立了经贸联系。1989年春夏之交的政治风波后，美国等对中国实行制裁，中国对外贸易出现困境。针对这种情况，为了打破西方国家的经济制裁，降低贸易集中度，中国在90年代提出了市场多元化战略，要求中国企业在巩固现有对外贸易市场的同时，积极开拓新市场，加强与发展中国家的经济贸易联系。具体而言，就是要在继续巩固与美国、欧洲和日本的贸易关系的同时，把更多的注意力放在与亚非拉、东欧和独联体国家的贸易上，降低对这些国家出口的集中度，使进口来源多样化，力争实现中国出口商品市场多元化和进口来源多样化的目的。90年代，中国的贸易对象几乎涵盖世界上所有的国家和地区。

1979年，菲格雷多就任巴西总统以后，因为实行"负责的实用主义"外交政策，"渐步改变了原来对外单向开放政策，推行全方位开放政策，既面向工业发达国家也面向发展中国家"，② 实行对外关系多元化。80年代末，巴西积极进行国际经济关系多样化的努力，经济诱因成为决定巴西对外政策走向的重要因素。1992年10月，巴西政府制定了"亚洲战略"，将亚洲作为其对外关系的优先目标之

---

① Joshua Eisenman, Eric Heginbotham, and Derek Mitchell, ed. *China and the Developing World: Beijing's Strategy for the Twenty-first Century*, M. E. Sharpe, Inc., 2007, p.191.
② 邵恒章："外国资本对巴西工业发展的影响"，《拉丁美洲研究》1986年第6期，第33页。

一，重点加强发展与中国、日本及东南亚国家的合作关系。[①] 在亚太地区，巴西尤为重视同中国的关系，发展同中国的"战略性伙伴关系"。[②] 巴西在20世纪80年代经历了"失去的十年"，努力扩大出口，力图实现出口商品多样化和贸易对象多样化，因此比较重视中国市场的潜力。

20世纪80年代，中巴两国都处于对外战略转型时期，双方都日益重视发展中国家在各自对外战略中的重要意义，为两国关系发展提供了长久保障。80年代，中巴两国最高领导人实现历史性访问，高层官员互访不断，政治关系日益密切。1989年后，巴西没有追随美国等西方国家实行反华政策。巴西政府表示，不对中国政府采取抗议措施，将继续履行与中国政府签署的协定，强调这丝毫不影响两国关系的发展，巴西将继续与中国一道巩固和发展两国业已牢固建立起来的友好合作关系。[③] 随着双边共识越来越多，关系日益密切，两国于1993年建立战略伙伴关系，巴西成为首个与中国签订战略伙伴关系的发展中国家。

三、中巴贸易关系发展

这一时期，中巴两国政府的目标都是发展经济，都有强烈的发

[①] 曾照耀主编：《现代化战略选择与国际关系》，社会科学文献出版社2000年版，第215页。

[②] 焦震衡："巴西经济外交在经济模式转型中的作用"，《世界经济与政治》1996年第6期，第62页。

[③] 官力、刘德喜、刘建飞、王红续著：《和平为上：中国对外战略的历史与现实》，九州出版社2007年版，第336页。

展两国经贸关系的愿望,而且两国贸易有相当大的互补性。同时,由于两国对外战略实行转型,互相重视对方在本国对外关系中的重要地位,两国的贸易联系日益密切。

表 5—1　1986—1996 年巴西对中国的进口贸易统计（单位：万美元）

年份	进出口总额	巴西从中国进口	巴西向中国出口	差额
1986	86432	70919	25516	-45400
1987	69343	45018	24325	-20693
1988	86963	79814	7149	-72665
1989	102447	94001	8446	-85555
1990	62943	52275	10668	-41607
1991	41384	34581	6803	-27778
1992	58408	51932	6476	-45456
1993	105525	86308	19217	-6709
1994	142120	105880	36240	-69640
1995	199061	123155	75907	-47248
1996	224706	14848	76297	-72111

资料来源：外经贸部国际贸易经济合作研究院编著：《走向 21 世纪的拉美市场》,中国对外经济贸易出版社 1997 年版,第 205 页。

"两国贸易额从 1974 年建交时的 1742 万美元左右增加到 1981 年 4.5 亿美元,中国顺差 2.46 亿美元。1983 年,双边贸易额达 7 亿多美元。"① 1985 年,达到 14.1 亿美元。从图 5—6 可以看出,中巴贸易总体上表现出增长的势头,但其中也出现过波动,中国处于顺

---

① 《人民日报》1984 年 5 月 29 日,第 6 版。

差的地位。

中巴两国都在实行进口替代发展战略,通过发展具有比较优势的商品,进口国内工业发展所需的原材料。巴西在大力发展汽车产业后,产生了强大的市场需求,但巴西是一个石油短缺的国家,国内所需石油的80%依赖进口,[①] 而此时中国石油产量不断提高,石油成为出口创汇的重要来源。巴西从中国进口的商品中有90%是石油,向中国出口的商品主要是具有本国比较优势的铁矿砂、大豆、咖啡和糖、纸浆等初级产品。1980—1983年,巴西增加进口中国原油,两国贸易迅速增加。1986年以后,由于中国对巴西主要出口产品石油的出口额减少,双方尚未找到贸易增长点,外贸额有所下降。

随着巴西市场的开放和中国产品在国际市场竞争力的增强,中国对巴西出口有所增加,巴西对中国产品开始增设贸易壁垒。1992年,巴西陆续对从中国进口的大蒜、锁具、电风扇等商品进行反倾销调查,并征收反倾销税,中巴贸易受阻。90年代后,中巴互信不断提升,于1993年建立战略伙伴关系,有效地促进了双边贸易的发展,贸易额止跌回升。1994年4月,中国与巴西签署了《关于鼓励和相互保护投资协定》,为两国的贸易关系发展制定了新的框架,有效地促进了中巴贸易的发展。

从上述分析可以看出,中巴贸易是在两国发展战略和对外战略的交互作用下产生的结果。进出口商品类型受到两国发展战略的制约,主要是产业内贸易,货物类型为各自具有比较优势的商品,而政治互信的提升又加速了贸易发展的速度。二者力量的综合最终形

---

① 吕银春、周俊南编著:《巴西》,社会科学文献出版社2004年版,第279页。

成这一时期贸易关系发展的现实。

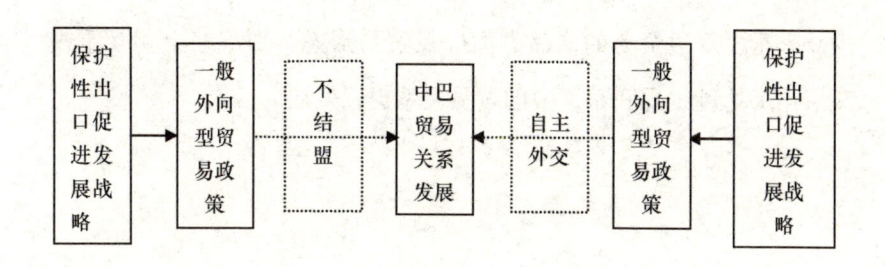

```
┌─────┐ ┌─────┐ ┌─────┐ ┌─────┐ ┌─────┐ ┌─────┐ ┌─────┐
│保护 │ │一般 │ │     │ │中巴 │ │     │ │一般 │ │保护 │
│性出 │ │外向 │ │ 不  │ │贸易 │ │ 自主│ │外向 │ │性出 │
│口促 │→│型贸 │ │ 结  │→│关系 │←│ 外交│ │型贸 │←│口促 │
│进发 │ │易政 │ │ 盟  │ │发展 │ │     │ │易政 │ │进发 │
│展战 │ │策   │ │     │ │     │ │     │ │策   │ │展战 │
│略   │ │     │ │     │ │     │ │     │ │     │ │略   │
└─────┘ └─────┘ └─────┘ └─────┘ └─────┘ └─────┘ └─────┘
```

图 5—7　中巴贸易关系发展逻辑图

这一时期，中国实行改革开放，打破闭关自守的经济发展状态，面向外部市场，鼓励通过出口赚汇来发展本国经济。中国处于由内向型进口替代向外向型出口导向发展战略转变的阶段，出口本国具有比较优势的初级产品，进口工业设备和稀缺原材料，实行进口替代。巴西在进入债务危机后，也实行了经济改革，更加重视出口对经济发展的意义，将进口替代和出口导向发展战略结合起来，鼓励出口而限制进口，在很大程度上仍然是以农产品出口来换取制成品进口。发展战略导致中巴两国进出口商品结构大致相同，而且由于各国的资源禀赋不同，两国主要是产业内贸易，进口各自所需的初级产品来满足本国的工业发展所需。

改革开放之后，中国对外战略上摆脱了意识形态的影响，不再以大国画线，实行独立自主的和平外交政策，加强了与第三世界国家的交流与合作。巴西实行实用主义外交政策，在发展与发达国家对外关系的同时，也重视加强与发展中国家的联系，与亚洲国家交往逐渐增多。受到双方对外战略转型的影响，两国在战略上都重视对方在本国对外关系中的地位,中巴关系日益密切。

外向型发展战略决定了两国重视外部市场对经济发展的推动作用,丰富了双边贸易的商品类型以及贸易形态,而战略上相互重视又深化了这种贸易联系,中巴贸易关系得以发展。

第六章　中巴贸易关系跨越时期：90年代中后期以来

　　本章重点分析新世纪以来中巴贸易得以跨越发展的原因。第一节探讨中国在实行保护性出口促进发展战略时更为重视出口对经济发展的作用，体现出一般外向型贸易政策的特点。随着国内经济持续快速发展，进出口商品结构出现变化，工业制成品成为进出口商品的中坚力量，同时对原材料的需求不断提高。第二节分析巴西从进口替代向出口导向发展战略转变时期的鼓励出口的贸易政策。虽然工业能力有所提高，但出口结构仍然以初级产品为主。第三节分别论述中国的和平发展战略和巴西的大国外交，探究这两种对外战略如何促进双边政治关系发展。第四节从外向型发展战略和对外战略上高度关切的视角来分析中巴贸易跨越式发展。

第一节 中国侧重出口的保护性出口促进发展战略与一般外向型贸易政策（1997—2012年）

一、侧重出口的保护性出口促进发展战略

1997年，中国实现总供给与总需求的平衡，从此告别了短缺经济，国内市场出现饱和。根据国内市场的这一重大变化，中国积极实行出口导向政策，千方百计扩大出口，出口在中国的经济发展中扮演着越来越重要的角色。

十五大报告提出，"以提高效益为中心，努力扩大商品和服务的对外贸易，优化进出口结构"。1999年政府工作报告进一步指出，要"千方百计扩大出口，积极实施市场多元化战略，综合运用出口信贷、退税等各种国际通行的政策手段，促进出口，增加外汇，以扩大机电产品、高附加值产品和优质品牌产品的出口为重点，调整出口结构，开拓新的市场。从资金、技术、人才培训等方面，支持和鼓励有条件的企业到境外有市场潜力的地区发展加工贸易，带动国内商品出口。增加必要的进口，改善贸易平衡，把进口与国内产业调整和升级、技术引进结合起来"。[1] 2000年政府工作报告要求"实行扩大内需的方针，积极鼓励增加出口"。

2001年12月11日，历经15年的持续艰苦努力，中国终于加入

---

[1] 中共中央文献研究室编：《十五大以来重要文献选编》（上），人民出版社2000年版，第29、786页。

世界贸易组织(WTO,简称世贸组织),标志着中国进入了全方位对外开放的新阶段。中国"坚持进口和出口并重,把扩大进口和稳定出口结合起来,把积极扩大进口作为转变外贸发展方式的重要内容,努力促进国际收支基本平衡,不刻意追求贸易顺差。完善进口支持政策,降低进口成本,提高进口便利化"。[1]

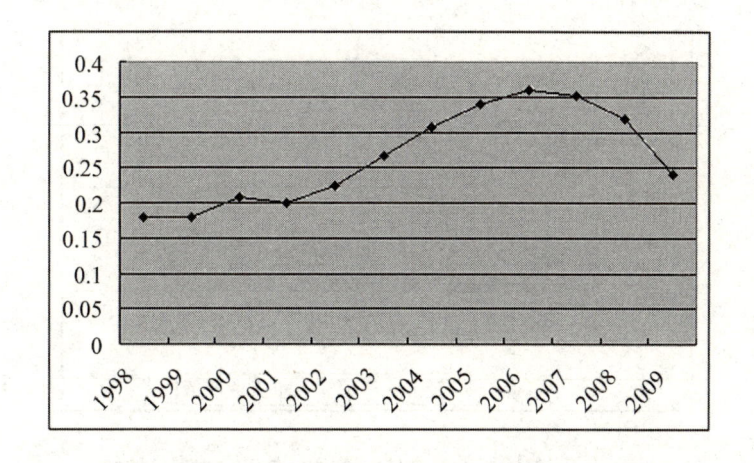

图 6—1 出口总额占 GDP 比重(单位:%)

数据来源:《中国统计年鉴 2010》,http://www.stats.gov.cn/tjsj/ndsj/。

从图 6—1 可以看出,90 年代末期开始,出口占国内生产总值的比重接近 20%,进入 21 世纪后,这一比例不断上升,一度高达 35%以上。这种发展趋势说明,出口对中国经济发展的贡献越来越大,中国对外部市场的依赖逐渐加强。

---

[1] 胡锦涛著:《在中国加入世界贸易组织 10 周年高层论坛上的讲话》,人民出版社 2011 年版,第 7 页。

经历改革开放后,中国的工业化水平不断提高,三大产业得以协调发展,中国已经基本实现工业化,但中国的工业化水平还处于初级阶段,还有待进一步发展与完善。① 因此,在鼓励出口的同时,中国继续实行进口替代发展战略,大力发展工业,提高国内的生产水平;由此,在 20 世纪之交,中国掀起了重化工业的投资热潮。②

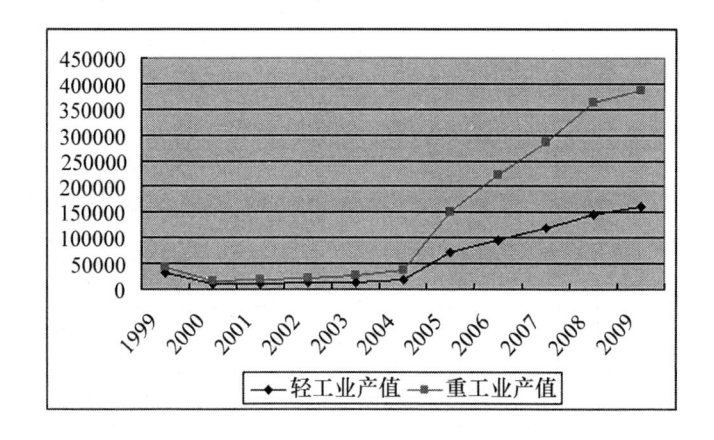

图 6—2 轻重工业总产值(单位:亿元,当年价格)

数据来源:《中国统计年鉴 1999—2010》,http://www.stats.gov.cn/tjsj/ndsj/。

从图 6—2 可以看出,自 1999 年以来,重工业产值一直高于轻工业产值,重工业发展速度日渐高于轻工业,中国的工业结构发生变化,呈现出重工业重新发展趋势。

2002 年,中国共产党第十六次全国代表大会上正式提出"走新

---

① 简新华编:《发展经济学研究(第四辑):中国工业化和城镇化专题》,经济科学出版社 2007 年版,第 73 页。
② 吴敬琏:《中国应当走一条什么样的工业化道路》,国家信息化专家咨询委员会委托研究课题研究报告,2005 年 9 月 13 日,第 26 页。

型工业化道路",认为"实现工业化仍然是我国现代化进程中艰巨的历史性任务"。① 2005 年,中国共产党第十六次全国代表大会上提出"要坚持走中国特色新型工业化道路,坚持扩大国内需求特别是消费需求的方针,促进经济增长主要依靠投资、出口拉动向依靠消费、投资、出口协调拉动转变。大力发展现代产业体系,促进工业变大变强,振兴装备制造业"。②

进入 21 世纪以来,中国在继续实行进口替代发展战略的同时,又大力促进出口,出口对中国经济的贡献越来越大,这一时期的发展战略兼有内向型进口替代和外向型出口导向两种战略的特点。

二、一般外向型贸易政策

(一)贸易政策

由于中国实行这种内外兼有的发展战略,在对外贸易总体政策上,对进口的限制减少,对进出口的刺激减少,保护贸易政策式衰,日益体现出自由贸易政策的倾向。一方面,"努力扩大出口,适当增加进口,实现进出口贸易基本平衡";另一方面,"继续扩大轻纺产品、机电产品特别是成套设备的出口,提高产品质量和附加值"。"既要稳住和扩大传统出口市场,又要努力开拓新的市场,增加进口

---

① 中共中央文献研究室编:《十六大以来重要文献选编》(上),中央文献出版社 2005 年版,第 16 页。
② 中共中央文献研究室编:《十七大以来重要文献选编》(上),中央文献出版社 2009 年版,第 17—18 页。

的重点是短缺的资源性产品、高新技术设备。对高新技术项目,以及国家鼓励的项目,国内不能生产的设备和技术,免征关税和进口增值税。"①

尤其是加入世贸组织后,为了适应世贸组织的有关规定,中国实行了一系列改革。"贸易改革已经打开了中国经济的大门,而中国为加入 WTO 允诺将实行的改革引致了进一步的贸易自由化。"②

(二) 实施措施

"1999 年 1 月 1 日,关税算术平均水平降为 16.78%。从 2001 年 1 月 1 日起,中国再次自主将关税总水平降为 15.3%。2002 年是中国加入世界贸易组织的第一年,中国按世贸组织规则和中国'入世'承诺,对税收政策进行调整,关税总水平由 15.3% 调低至 12%。2003 年 1 月 1 日起,中国将进一步降低进口关税,关税算术平均总水平由 12% 降低至 11%。"③

2001 年加入世界贸易组织后,"中国全面履行加入世界贸易组织承诺,贸易和投资自由化、便利化程度显著提高。我们不断扩大农业、制造业、服务业市场准入,不断降低进口产品关税税率,取消所有不符合世界贸易组织规则的进口配额、许可证等非关税措施,

---

① 中共中央文献研究室编:《十五大以来重要文献选编》(上),人民出版社 2000 年版,第 226 页。

② Christian F. Bach, Will Martin, Jennifer A. Stevens, *China and the WTO: Tariff offers, Exemptions, and Welfare Implications*, Weltwirtschaftliches Archiv, Vol. 132, No. 3, 1996. 转引自江小涓等主编:《中国对外经贸理论前沿 Ⅱ》,社会科学文献出版社 2003 年版,第 408 页。

③ 海闻、P. 林德特、王新奎著:《国际贸易》,上海人民出版社 2011 年版,第 335 页。

全面放开对外贸易经营权，大幅降低外资准入门槛。中国关税总水平降至 2011 年的 9.8%，达到并超过了世界贸易组织对发展中国家的要求。中国服务贸易开放部门达到 100 个，接近发达国家水平"。[1]

截至 2003 年，中国实行进口许可证管理的商品仅有 8 种，出口许可证管理的大宗及敏感商品减至 52 种，而且扩大了服务贸易的开放领域，运输、电信、分销、保险、证券等行业开放程度大幅提升。不仅如此，中国还"大规模开展法律、法规清理修订工作，中央政府共清理法律法规和部门规章 2300 多件，地方政府共清理地方性政策和法规 19 万多件。中国对外开放政策的稳定性、透明度、可预见性不断提高"。[2]

中国继续实行吸引外资的政策，取消了对外资和外资企业的限制，实行国民待遇。废除了对外资企业的技术先进性、外汇平衡、当地含量、出口业绩和企业生产计划备案等要求，对外资开放了更多的投资领域，简化或取消了外商投资审批程序。在继续实行改革开放之后"引进来"的同时，中国还鼓励有实力的企业"走出去"，在海外进行投资。

1999 年政府工作报告提出，"从资金、技术、人才培养等方面，支持和鼓励有条件的企业到境外有市场潜力的地区发展加工贸易"。[3]"十五"期间，中国继续实施"走出去"战略，努力利用国内外两种资源、两个市场，改善投资环境，扩大利用外资，鼓励有比较优势的

---

[1] 胡锦涛著：《在中国加入世界贸易组织 10 周年高层论坛上的讲话》，人民出版社 2011 年版，第 2 页。

[2] 同上。

[3] 中共中央文献研究室编：《十五大以来重要文献选编》（上），人民出版社 2000 年版，第 786 页。

企业到境外投资,开展加工贸易,合作开发资源,发展国际承包。①2002年,十六大报告正式提出:"实施'走出去'战略是对外开放新阶段的重大举措。鼓励和支持有比较优势的各种所有制企业对外投资,带动商品和劳务出口,形成一批有实力的跨国企业和著名品牌。"②

2004年1月,商务部、国家外汇管理局采取了一系列促进中国企业进行海外投资的举措,其中包括设立金额为230万人民币的"中央对外贸易发展基金"以促进海外投资。同年,商务部和全国工商联鼓励私营企业到海外进行投资,并于2006年起草了文件,呼吁给予非公有制企业以税收、金融、外汇和保险上的支持。

(三) 政策后果

从对外贸易政策的整体效果来看,"中国在全球货物贸易额的排名由第六位上升到第二位,其中出口额跃居第一位,进口额累计达到7.5万亿美元;累计吸收外商直接投资7595亿美元,居发展中国家首位;对外直接投资年均增长40%以上,2010年达到688亿美元,居世界第五位。中国每年平均进口7500亿美元的商品,为贸易伙伴创造大量就业岗位和投资机会。在华外商投资企业累计汇出利润2617亿美元,年均增长30%"。③

从图6—3可以看出,中国对外贸易总量不断攀高。随着进口替

---

① 中共中央文献研究室编:《十五大以来重要文献选编》(中),人民出版社2001年版,第1697页。
② 中共中央文献研究室编:《十六大以来重要文献选编》(上),中央文献出版社2005年版,第22页。
③ 胡锦涛著:《在中国加入世界贸易组织10周年高层论坛上的讲话》,人民出版社2011年版,第2—3页。

代发展战略的实行,中国工业化水平不断提高,工业制成品的进出口不断上升。同时,随着重工业的不断发展,经济发展对机器设备和初级产品的需求逐渐加强,从而导致工业制成品和初级产品进口增加。因此,从表6—1中可以清晰地看出,中国的进出口商品结构越来越相似,主要集中在资本设备为代表的工业制成品。[①]

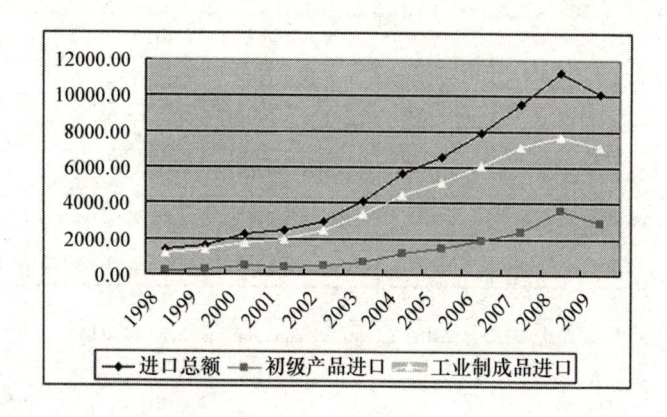

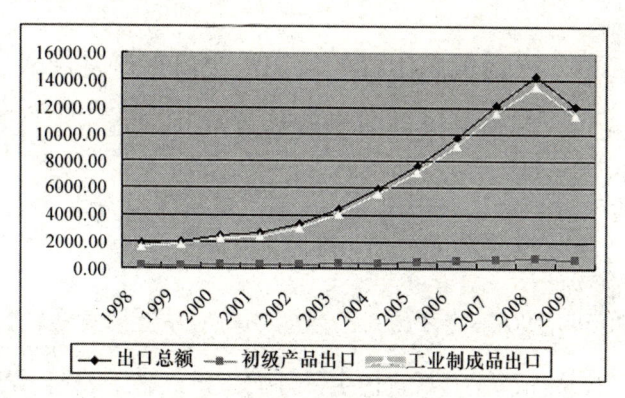

图 6—3　1998—2009 年中国进出口商品结构(单位:亿美元)

数据来源:《中国统计年鉴 2010》,http://www.stats.gov.cn/tjsj/ndsj/。

[①] 国外学者的研究也证明了这一判断,参见[西、法]哈维尔·桑蒂索主编,王鹏、赵重阳译:《中国在拉美的有形之手》,世界知识出版社 2009 年版,第 43 页。

表6—1 2002—2009年中国进出口商品类型（单位：亿美元）

年份	出口				进口			
	出口额	农产品	农产加工品	工业产品	进口额	资本设备	原材料	消费品
2002	1353.2	3.6	17.0	1332.5	1132.5	261.2	759.4	111.8
2003	1506.0	3.9	17.7	1484.4	1280.1	262.6	897.1	120.4
2004	1823.7	3.9	20.8	1798.9	1687.6	361.8	1187.4	138.3
2005	1984.3	3.8	21.1	1959.4	1826.1	347.0	1321.7	157.5
2006	2240.2	3.5	18.5	2218.2	2027.0	345.2	1527.9	153.9
2007	2466.8	4.1	18.7	2444.0	2192.5	355.7	1677.6	159.3
2008	2556.3	5.4	21.7	2529.2	2404.5	326.9	1908.5	169.1
2009	2036.7	5.0	18.5	2013.3	1743.7	257.2	1325.0	161.5

数据来源：《中国统计年鉴2010》，http：//www.stats.gov.cn/tjsj/ndsj/。

第二节 巴西侧重出口的保护性出口促进发展战略与一般外向型贸易政策（1995—2011年）

一、侧重出口的保护性出口促进发展战略

从20世纪90年代开始，巴西向外向型经济模式转轨，处于由传统的进口替代模式向新自由主义外向型模式转变时期。巴西经济逐步由内向型发展向外向型发展转变，[1] 发展战略随着宏观发展模式的转型，处于不断调整的动态过程中，逐步由进口替代化发展战略

---

[1] 苏振兴："巴西工业竞争力分析"，《拉丁美洲研究》2008年第5期，第7页。

向出口导向化发展战略转变。政府用积极出口的外向型发展战略取代结构主义长久以来一直推崇的内向型进口替代发展战略,以古典主义理论为依据,将对外贸易作为经济增长的动力,主张把经济活动的中心由内部需求转向外部需求,由国内市场转向国际市场,开放国内市场,实行自由贸易,鼓励出口。① 巴西将有选择的进口替代和面向出口相结合的出口导向战略结合起来,以新自由主义为指导,实行金融和贸易自由化、经济市场化和国有企业私有化。

真正改变巴西进口替代发展道路的是卡多佐,他上台执政后,继续实行在财政部长之位时公布的"雷亚尔计划",真正地开启了巴西新自由主义改革的历史进程,将巴西带入新自由主义的发展道路。② 1999年,巴西政府提出"出口或者死亡"的口号,制定了地区出口战略和出口产品战略,将出口作为经济发展的支柱。③ 巴西逐渐采用新经济模式(new economic model),该模式强调市场在国际国内资源配置中的作用,旨在通过对外直接投资和国际贸易来促进经济发展。④ 卢拉政府时期继续实行新自由主义经济政策,但在社会计划方面做了适当调整,此后的工业发展都是基于"雷亚尔计划"中的自由市场和开放的对外贸易的基本哲学精神。⑤

---

① 陈芝芸等著:《拉丁美洲对外经济关系》,世界知识出版社1991年版,第37页。
② Rocha, G. M. "Neo-Dependency in Brazil", *New Left Review*, Vol. 16, July-August, 2002, p. 6.
③ 罗伯托·杜马斯·达马斯:"巴西经济的历史与展望",《湖南商学院学报》2010年第2期,第15页。
④ Reinhardt, N. and Peres, W, "Latin America's New Economic Model: Micro Responses and Economic Restructuring", *World Development*, Vol. 28, No. 9, 2000, p. 1543.
⑤ Donald Hay, "Industrial policy in Brazil: A framework", Texto Para Dsicussao No. 551, Rio de Janeiro, março de 1998, p. 1.

在积极扩大出口的同时,巴西积极调整制造业结构,重点发展自然资源加工工业,主要生产诸如植物油、纸浆、纸、铁、钢、鱼粉等以农、矿业原料为基础的产业,[1] 实行自由主义的新经济模式与传统进口替代发展战略相结合的中间道路。[2]

二、一般外向型贸易政策

(一)贸易政策

巴西自20世纪90年代以来,实行经济改革,大幅削减贸易壁垒,实行贸易自由化,单方面、全方位地开放国内市场。虽然科洛尔开启了巴西贸易自由化进程,但卡多佐明确地将巴西置于新自由主义的发展轨道。[3] 1994年,卡多佐上台后开始实施"亚雷尔计划",1995年通过宪法修正案,推行更为自由的经济政策:逐步减少政府对经济事务的干预,实行市场自由化,对国有企业进行私有化,降低关税,扩大出口,促进国内产品的国际竞争能力,积极吸引外资,取消或降低妨碍外资流入的税率。为了扩大出口,减少贸易逆差,巴西在1996年底开始实行"巴西出口日程计划"。[4]

---

[1] 苏振兴主编:《拉美国家现代化进程研究》,社会科学文献出版社2006年版,第150页。
[2] Rajneesh Narula, "Switching from import substitution to the 'New Economic Model' in Latin America: A case of not learning from Asia", *Latin America/Caribbean and Asia/Pacific Economics and Business Association Working paper*, No. 4, December 2002, p. 2.
[3] Richard Westra, *Confronting Global Neoliberalism: Third World Resistance and Development Strategies*, Clarity Press, 2010, p. 47.
[4] 焦震衡:"巴西工业从衰退走向复苏的原因",《拉丁美洲研究》1997年第4期,第46页。

巴西将多边贸易体系视为其核心的贸易机制，世界贸易组织是巴西贸易政策的中心，一个强化的多边贸易体系是巴西的优先目标。巴西将优惠贸易协定视为多边贸易体制的有益补充。[①] 地区经济一体化和出口多样化是卢拉政府时期的重要政策目标。

2011年8月2日，罗塞夫签发"以创新争竞争，以竞争求增长"为口号的"大巴西计划"，实行新的工业、技术、服务和对外贸易政策，对于汇率和国际竞争敏感的部门以及劳动密集型部门，对其出口商品实行一系列的税收减免政策，并给予出口收益3%的额外税收返还。

（二）实施措施

1. 汇率

1994年，在实行贸易自由化的同时，实行固定汇率政策。1999年之后，在受到世界经济危机冲击的情况下，国家外汇储备迅速流失，巴西放弃固定汇率，重新实行浮动汇率。从图6—4中可以看出，1999年之后，巴西的汇率保持相对稳定的状态，整体上处于缓慢降低的趋势，这种汇率走势有助于巴西经济发展，为提高本国商品的国际竞争力提供了重要的内部金融条件。

---

① World Trade Organization, "Trade Policy Review Body—Trade Policy Review—Brazil—Report by the Secretariat", 11 May 2009, pp. 19, 183.

图 6—4　巴西名义汇率（单位:%）

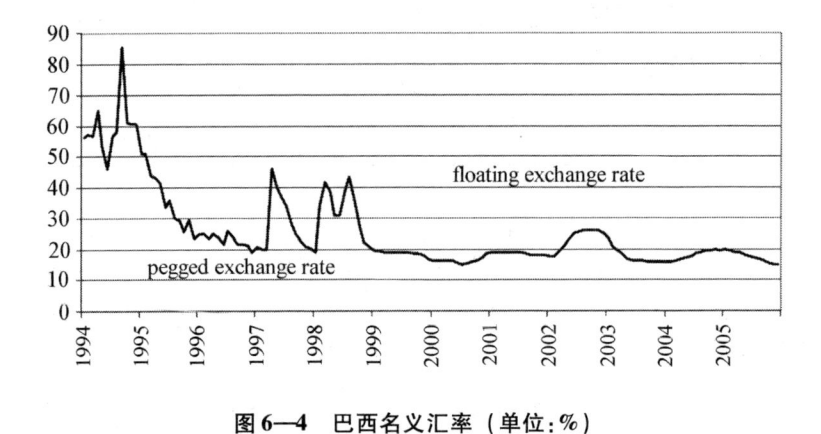

资料来源: Philip Arestis, Luiz Fernando de Paula and Fernando Ferrari-Filho, "Assessing the Economic Policies of President Lula in Brazil: Has Fear Defeated Hope?", *Centre for Brazilian Studies*, University of Oxford, Working Paper Number CBS-81-07, p. 16.

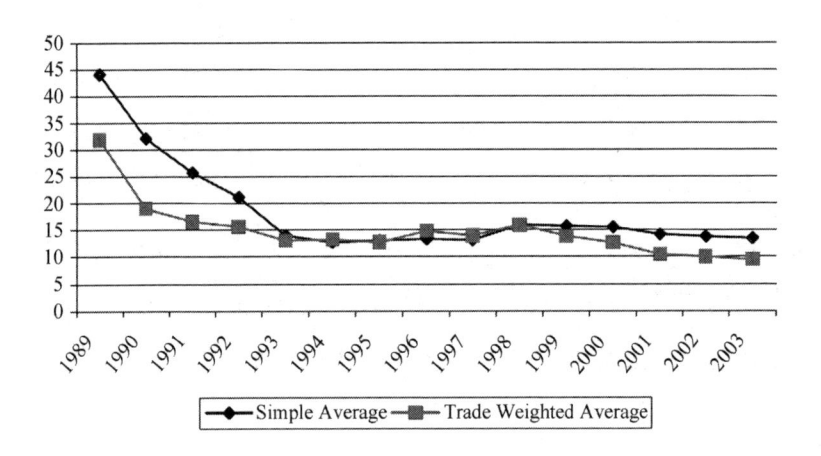

图 6—5　1989—2003 年巴西名义关税（单位:%）

数据来源: Lia Valls Pereira, "Brazil Trade Liberalization Program", Fernandez de Cordoba, S. and Vanzetti, D, eds. *Coping with trade reforms: A Developing-Countries Perspective on the WTO Industrial Tariffs Negotiations*, Palgrave Macmillan, 2006, p. 127.

2. 关税

巴西在20世纪90年代实行经济改革后,关税水平显著降低。1995年1月,南共同体成员成立关税同盟,实行共同对外关税。实行12%的简单平均名义关税,巴西与成员国建立自由贸易区。从图6—5能够看出,简单平均名义关税从改革前的44%下降到1993年的14%,但在后来又将简单平均关税从2004年1月的10.4%上升到2008年1月的11.5%,将非农产品的平均关税从1.1%增加到11.6%。[1] 2006年,巴西对部分资本货和高新技术产品免征关税,对外经贸委员会将部分零部件的进口关税从原先的14%—20%下调到2%。贸易自由化一方面是减免关税,但更为重要的是简化管理流程,减少或清除一系列非关税壁垒。[2] 例如,从2006年开始,出口额小于2万美元的小出口商允许通过"简化出口登记系统"提交出口手续。

3. 贸易壁垒

经历自由化改革后,虽然关税有所降低,但长久以来形成的保护主义政策的主要特征没有改变,对于进口竞争行业的跨部门歧视程度较高。[3] 后自由化时期的保护政策继承了进口替代时期工业部门

---

[1] World Trade Organization, "Trade Policy Review Body—Trade Policy Review— Brazil—Report by the Secretariat", 11 May 2009, p. 91.

[2] Werner Baer & Donald V. Coes, "National sovereignty and consumer sovereignty: Some consequences of Brazil's economic opening", *The Quarterly Review of Economics and Finance*, Vol. 42, 2002, p.857.

[3] Veiga, Pedro da Motta, "Brazil's Trade Policy: Moving Away from Old Paradigms", p. 3. in Lael Brainard and Leonardo Martinez-Diaz (eds.), *Brazil as an Economic Superpower? Understanding Brazil's Changing Role in the Global Economy*, Brookings Institution Press, 2009.

歧视政策。在进一步实行贸易自由化的同时，对国内市场采取一定的保护措施。巴西频繁使用反倾销措施，截至2008年10月底，已经实施97项反倾销调查，[①]涉及到23个贸易伙伴，反倾销措施的平均期限是6.4年。自从2004年以来，发起反倾销调查和临时反倾销措施的申请比此前同期增加，自2002年以来，巴西已经实行了一次保障措施。

除此以外，巴西还通过立法来保护国内市场。例如，1995年巴西颁布了《保障措施规则》，2002年又先后制定《反倾销法规》以及《反补贴和补偿措施规则》。

4. 吸引外资

实行新自由主义改革后，巴西对外资采取更加宽容的政策，取消对外国投资的各种限制，给予外国企业国民待遇。外资在巴西投资无须政府批准，只须通过东道国银行将外汇存入巴西即可开展业务。而且对外国资本汇出限制较少，允许外国资本进入自然资源领域。市场开放大大提高了吸引力，流入巴西的外资从1996年的108亿美元增长到2000年的331亿美元，这五年吸收的外资相当于巴西19世纪吸收外资的总和，巴西成为仅次于中国的吸引外资最多的发展中国家。[②]

巴西政府给予外资优惠政策，外资除了享受国民待遇之外，还

---

① Honorio Kume, Guida Piani and Pedro Miranda, "Desvios da tarifa externa comum no Brasil e a estrutura de proteção efetiva", Project Integracion Profunda en Mercosur, Rede Mercosul. February 5, 2003. p. 15. WTO Secretariat, based on MDIC online information. 以及世界贸易组织的统计，http://www.desenvolvimento.gov.br/sitio/interna/interna.php?area=5&menu=234。

② 张小冲、张学军主编：《走进拉丁美洲》，人民出版社2005年版，第300页。

能享受税收优惠政策，出口到第三国的商品可以申请出口保险和信贷，外资还允许收购国有企业。

(三) 政策后果

从图6—6能够看出，巴西实行市场自由化后，对外贸易明显扩大，进出口总额增加。实行经济改革后，通过出口金融、出口保险和出口保证项目等一系列举措鼓励出口。[①] 2001年，巴西重新出现自1994年以来的首次贸易盈余，总体上保持贸易平衡。2004—2007年之间，巴西平均贸易顺差达到400亿美元。

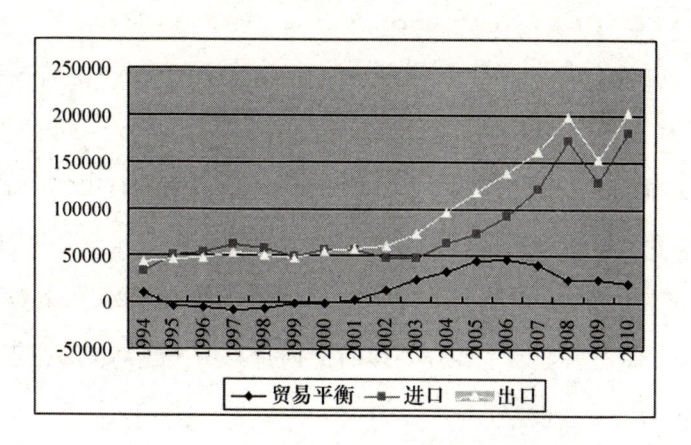

图6—6　1994—2010年巴西进出口总额及贸易平衡
（单位：百万美元）

数据来源：巴西地理统计局（Instituto Brasileiro de Geografia e Estatistica），官方网站，http://seriesestatisticas.ibge.gov.br/。

---

① World Trade Organization, *Trade Policy Review Brazil Revision*, 1 November 2009, p. 26.

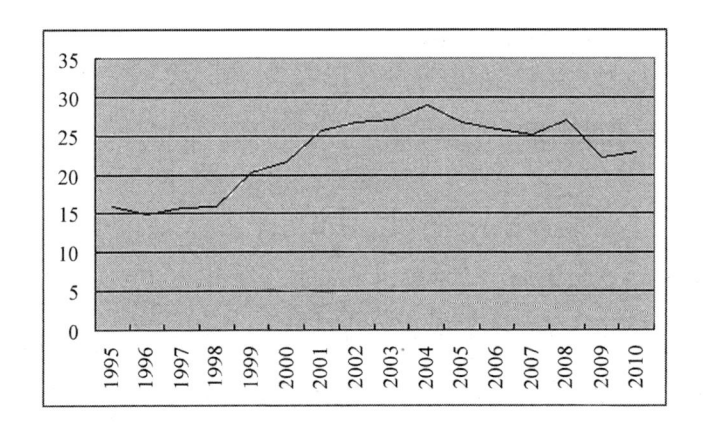

图 6—7　1995—2010 年巴西经济开放度（进出口总额/GDP）

数据来源：巴西地理统计局（Instituto Brasileiro de Geografia e Estatistica），官方网站，http：//seriesestatisticas. ibge. gov. br/series. aspx？vcodigo = SCN44&t = abertura-da-economia。

20 世纪 90 年代中期，从经济开放度来看，巴西自由化处于中等水平，仍然是较为封闭的经济体。经历贸易自由化后，巴西的经济开放度由 1996—1999 年间的 18.1% 上升到 2000—2003 年间的 27.3%，对外开放程度在这一段时期内达到历史最高值，巴西对外部市场的依赖性增强。

虽然进出口总额增加，但巴西的主要出口商品仍然集中在农产品和矿产资源上，[1] 主要出口商品为铁矿石、大豆、柑橘、咖啡、石油、小麦、糖、烟叶等。巴西的铁矿石、大豆出口值已经超过咖啡，居第一位，成为世界上最大的大豆、柑橘出口国，也是最大的铁矿

---

[1]　Geisa Maria Rocha,"Neo-Dependecy in Brazil", *New Left Review*, Vol. 16, July-Augst, 2002, p. 26.

石出口国之一。巴西出口结构尚不够完善，仍然严重依赖于初级产品出口，制成品出口虽然不断增加，但仍处于低水平。

巴西实行"新出口中心计划"，将遍布国内的生产中心变成出口中心。经历结构性调整后，巴西产品和出口市场逐步实现多元化，出口已经不像20世纪90年代那么集中。作为主要出口市场的美国和欧盟分别增长24.1%和63.8%，亚洲增长72%。[①]

◆ 第三节　中国的和平发展与巴西的大国外交 ◆

一、和平发展

冷战后，国际多极化趋势不断发展，中国"坚定不移地把加强和巩固同广大发展中国家的团结与合作，作为外交工作的立足点。在平等互利的基础上发展同世界各国的经贸、科技、文化以及其他领域的交流与合作，积极参与联合国事务，以积极务实的态度参与多边合作"。[②] 进入新世纪后，中国"始终不渝地奉行独立自主的和平外交政策，中国外交政策的宗旨是维护世界和平，促进共同发展"。中国"主张建立公平合理的国际政治经济新秩序，反对各种形式的霸权主义和强权政治，中国永远不称霸，永远不搞扩张"。"积极促进世界多极化，推动各种力量和谐并存"，"继续增强同第三世

[①] World Trade Organization, *Trade Policy Review Brazil Revision*, 1 November 2009, p.14. ［西、法］哈维尔·桑蒂索著，高静等译：《拉丁美洲经济政策的务实性》，世界知识出版社2009年版，第97—98页。

[②] 中共中央文献研究室编：《十五大以来重要文献选编》（上），人民出版社2000年版，第799页。

界国家的团结与合作,增进相互理解和信任,加强相互帮助和支持,拓宽合作领域,提高合作效果"。①

进入新世纪以来,随着世界影响力的不断提升,中国根据外部环境的变化,逐步提出和平发展的对外战略,对外行为表现出新的特点。

2005年9月,胡锦涛主席在联合国成立60周年首脑会议上的讲话指出,"中国将坚持多边主义;坚持互利合作,实现共同繁荣;坚持包容精神,共建和谐世界。坚定不移地高举和平、发展、合作的旗帜,坚定不移地走和平发展道路,坚定不移地奉行独立自主的和平外交政策,在和平共处五项原则的基础上同世界各国发展友好合作关系。中国将始终不渝地把自身的发展与人类共同进步联系在一起,既充分利用世界和平发展带来的机遇发展自己,又以自身的发展更好地维护世界和平,促进共同发展"。②

2005年12月,国务院发布《中国的和平发展道路》白皮书,全面阐释和平发展理念,"和谐世界应该是民主的世界,和睦的世界,公正的世界,包容的世界,应该坚持民主平等,实现协调合作;坚持和睦互信,实现共同安全;坚持公正互利,实现共同发展;坚持包容开放,实现文明对话。""多年来,中国坚持和平、发展、合作的政策主张,坚持独立自主的和平外交政策,本着民主、和睦、公正、包容的精神,发挥建设性作用,努力同各国一道建立和谐世界。"③

---

① 中共中央文献研究室编:《十六大以来重要文献选编》(上),中央文献出版社2005年版,第36—37页。
② 《人民日报(海外版)》2005年9月17日,第2版。
③ 中华人民共和国国务院新闻办公室:《中国的和平发展道路》白皮书,2005年12月22日,http://www.scio.gov.cn/zfbps/ndhf/2005/200905/t307900.htm。

十七大报告提出,"当今世界正处于大变革大调整之中,和平与发展仍然是时代主题,求和平、谋发展、促合作已经成为不可阻挡的时代潮流",中国"主张各国人民携手努力,推动建设持久和平、共同繁荣的和谐世界",认为"当代中国同世界的关系发生了历史性变化,中国的前途命运日益紧密地同世界的前途命运联系在一起。中国高举和平、发展、合作旗帜,奉行独立自主的和平外交政策,恪守维护世界和平、促进共同发展的外交政策宗旨"。中国将"始终不渝走和平发展道路,奉行互利共赢的开放战略,将继续以自己的发展促进地区和世界共同发展,在实现本国发展的同时兼顾对方特别是发展中国家的正当关切"。"中国坚持在和平共处五项原则的基础上同所有国家发展友好合作,将继续加强同广大发展中国家的团结合作,积极开展区域合作,共同营造和平稳定、平等互信、合作共赢的地区环境",① 最终形成了大国是关键,周边是首要,发展中国家是基础,多边外交是重要舞台的外交布局。

2009年,中国提出要"适应世界格局变化,全方位、多层次地推进外交工作,巩固发展中国家在我国外交全局中的基础地位,积极开展多边外交,大力加强各领域外交工作"。② 2011年,国务院发表《中国的和平发展》白皮书,其中明确提出"和平发展道路就是:既通过维护世界和平发展自己,又通过自身发展维护世界和平;在强调依靠自身力量和改革创新实现发展的同时,坚持对外开放,学习借鉴别国长处;顺应经济全球化发展潮流,寻求与各国互利共

---

① 中共中央文献研究室编:《十七大以来重要文献选编》(上),中央文献出版社2009年版,第35—37页。
② 《人民日报》2009年7月21日,第1版。

赢和共同发展；同国际社会一道努力，推动建设持久和平、共同繁荣的和谐世界。这条道路最鲜明的特征是科学发展、自主发展、开放发展、和平发展、合作发展、共同发展"。中国将"坚持独立自主的和平外交政策，推动建设和谐世界"。①

二、大国外交

在有效抑制通货膨胀，促进经济平稳发展，减少国内贫困，弥合社会分歧后，巴西经济获得快速发展，国内出现了相对稳定的发展局面。相比较其他拉美国家经济低迷、社会动荡，巴西在该地区呈现出良好的发展态势。在辽阔的地域、大量的人口和丰富的自然资源的浸润下，巴西国家实力得以增强，成为重要的地区大国（regional powers），逐渐在世界范围内追求大国外交。

巴西的大国外交体现在以下几个重要方面：

第一，巴西试图成为联合国常任理事国。90年代的消极姿态被新世纪巴西全面融入国际机制所取代。自从1994年外交部长舍尔索·阿莫林（Celso Amorim）正式宣布巴西想成为联合国常任理事国以来，这一问题已经成为卢拉政府时期首要外交议题，巴西不遗余力地想成为联合国安理会常任理事国。卢拉在任时期，巴西在联合国维和中表现积极，领导联合国在海地的维和行动。

第二，积极推动多边合作。在过去十年中（2000—2010年），巴西

---

① 中华人民共和国国务院新闻办公室：《中国的和平发展》白皮书，2011年9月6日，http://www.scio.gov.cn/zxbd/wz/201109/t999798_1.htm。

的外交政策变得更加主动和自信。① 其积极加入多哈回合谈判,成为 WTO 贸易体系中核心谈判国家。极力推动印度、巴西、南非对话论坛(IBSA)以及巴西、俄罗斯、印度、中国"金砖四国"(BRIC)作为替代性全球力量中心。加强与法国、俄罗斯、中国以及其他主要国家间的经济和技术合作。卢拉政府时期,巴西不仅强化了其多边外交传统,而且成为越来越多体现世界新秩序的政府或非政府组织的成员。②

第三,加强与拉美国家的关系。卡多佐一度将美国和拉美各国置于对外政策的首位,与美国保持良好关系是巴西外交政策的基础。其认为"美国、德国和日本是巴西优先选择的合作伙伴",其中美国又是"巴西最重要的伙伴"。③ 在卡多佐第二个任期内,巴西在南美表现更加积极,在该地区显示出领导者姿态。巴西政府在 1995 年厄瓜多尔与秘鲁爆发战争后积极斡旋,敦促两国政府签订和平条约,结束敌对状态。巴拉圭政治危机期间,巴西从中进行外交协调。实现南美洲的一体化发展是巴西重要的外交目标。2001 年,巴西实施了更为积极的外交政策,同美国讨论反倾销法,争取本国的经济利益。

卢拉延续了卡多佐时期实现南美一体化、提升巴西的全球影响力、保持与美国的独立等重要对外政策议题,④ 实行多管齐下的大战略(multipronged grand strategy),意在加速将单极和西方的经济霸权转化

---

① Mikael Wigell, Assertive Brazil: An Emerging Power and its Implications, *The Finnish Institute of International Affairs*, Briefing Paper 82, May 2011, p. 7.
② Andrew Hurrell, "Brazil and the New Global Order", *Current History*, January 2010, p. 1.
③ 焦震衡:"巴西经济外交在经济模式转型中的作用",《世界经济与政治》1996 年第 6 期,第 61 页。
④ Peter Hakim, "Brazil's Foreign Policy Under Dilma Rousseff", *Islamic Republic News Agency*, January 2, 2011.

为对巴西利益有益的多极秩序。注重"软平衡"（soft balancing）美国，①建立联盟以增强巴西的谈判实力，寻求巴西成为一个更加团结的南美洲的领导者地位。这种多层次的大战略强调国际秩序渐进、和平地修正。②发展目标再次被融入到卢拉政府时期巴西的外交政策中去，与南方国家的经济和商业收益对于巴西有着日益增加的战略重要性，③深化南美洲地区一体化成为巴西对外政策的优先目标。④

除此之外，巴西还在伊朗核问题上表现积极，与非洲国家联系密切，和阿拉伯国家往来频繁，积极参与八国集团的对话，国际地位不断上升。

第四节 中巴外向发展、高度关切与双边贸易关系跨越

一、外向型发展战略

中国实行进口替代和出口导向相结合的发展战略。进口替代发展战略意味着中国将大力发展重工业，以提高工业生产能力，实现

---

① "软平衡"并非直接挑战美国军事优势，而是拖延、阻挠、破坏超级大国的单边主义政策。具体内容参见 Pape, Pape, Robert A, "Soft Balancing against the United States", International Security, Vol. 30, No. 1, Summer 2005, p. 10.

② Hal Brands, Dilemmas of Brazilian Grand Strategy, Strategic Studies Institute Monograph, August 2010. ISBN 1-58487-462-7. p. v, 3.

③ Mari Regina Soares de Lima & Monica Hirst, "Brazil as a Intermediate State and Regional Power: Action, Choice and Responsibilities", International Affairs, Vol. 82, No. 1, 2006, p. 25.

④ 苏振兴主编：《拉丁美洲和加勒比发展报告 2008—2009》，社会科学文献出版社 2009 年版，第 134 页。

工业化发展目标。随着经济持续快速地发展，中国工业制造能力提高，出口商品结构逐渐由初级产品以及轻纺织品转变为工业制成品。随着国内市场日渐饱和，市场容量有限，中国经济对国际市场的依赖日益提高，外部市场对于中国经济的持续发展意义重大。在这样的情况下，中国必须在立足扩大国内市场需求的同时，采用积极有效的措施鼓励出口。为此，实行出口多元化战略，降低出口集中度，成为中国出口政策的应有之义。从出口的角度来看，进口替代发展战略从根本上决定了出口导向战略的内容。

从进口方面来看，随着进口替代发展战略的实施，国内市场对工业生产所必需的原材料的需求不断提高，国内资源充裕的境况已经不复存在，愈益依靠进口国际市场的原材料来维持国内迅速发展的工业化进程。中国对工业化过程中的高科技产品的需求不断提高，同时对原材料的进口达到前所未有的程度。进口替代发展决定了中国的进口商品结构，从而导致中国进口政策上鼓励进口高科技产品和机器设备，重点进口国内稀缺的原材料。

概而言之，中国的发展战略决定了进出口商品结构，从而决定了对外贸易总体政策和进出口商品政策。

巴西实行经济改革以来，其发展战略处于转型之中，逐渐用外向型出口导向发展战略取代内向型进口替代发展战略。出口对于处于经济困境中的巴西意义重大，是其经济发展的支柱。为此，巴西政府实行鼓励出口的贸易政策，出口成为巴西摆脱经济低迷，促进发展的重要手段。在经济发展过程中，选择具有比较优势的产品出口成为巴西赚取外汇的当然选择。资源极为丰富的巴西蕴含着工业发展所必需的多种稀缺原材料，在国际原材料价格上涨的推动下，巴西原材料出口贸易迅速发展。从出口方面来看，出口导向发展战略决定了出口商品类型及其政策。

在积极鼓励出口的同时，巴西并未完全放弃进口替代发展战略，仍然对国内的市场实行一定程度的保护，以促进国内特定部门的发展。采用关税、反倾销以及立法等多种措施引进技术和设备来加强具有本国比较优势的产业，大力吸引外资投资巴西，促进本国经济的发展。从进口方面来看，进口替代发展战略决定了巴西仍然采取一定的措施，实行选择性进口，鼓励本国产业发展，这种内向型战略决定了巴西进口商品的类型和限制进口的贸易政策。

总之，中间道路性质的发展战略决定了巴西的进出口商品结构，从而决定了其对外贸易总政策和进出口商品政策。中国和巴西的发展战略决定了双方进出口商品结构具有互补性，具备贸易往来的基础。"随着自身发展阶段的变化，中国对外部不同类型资源需求的紧迫程度也在发生变化。"[①] 对于中国而言，进入新世纪以来，巴西成为中国所需的铁矿石、木材、能源、大豆、柑橘等产品的重要来源地。国际金融危机之后，欧美和日本的经济陷入低迷之中，中国商品的外部市场显得愈发疲软。在努力扩大国内需求的同时，中国进一步推动出口市场的多元化也势在必行。巴西拥有1.91亿人口，近年来经济快速发展的巴西无疑是中国实行出口市场多元化的重要关注对象。对于巴西而言，经济发展强劲的中国是其丰富自然资源的重要销售市场，同时也是工业制成品的重要来源地，庞大的中国消

---

① 苏振兴："2009年的拉丁美洲——中国企业'走出去'的新机遇"，苏振兴主编：《拉丁美洲和加勒比发展报告（2008—2009）》，社会科学文献出版社2009年版，第12页。

费市场将是巴西商品的潜在目标市场。

二、高度关注的对外战略

(一) 中国的对外战略与国别贸易政策

相比较新中国建立后很长一段时间内，大国外交在中国对外政策中的绝对重要性而言，改革开放后，发展中国家在中国对外战略中的地位不断上升。随着外部环境的变化，中国实行和平发展战略，将加强与发展中国家的团结合作作为自身独立自主和平外交政策的立足点，作为中国外交总体布局的基础，努力增加与发展中国家在多个领域的往来。

在和平发展的大背景下，中国逐渐重视发展与包括巴西在内的发展中国的双边关系，改变了中国对外贸易的地理分布。中国"实行市场多元化战略，贯彻落实各项鼓励出口的政策，努力扩大出口，积极开拓市场，特别是要大力拓展非洲、拉美、东欧、独联体等新兴市场"。同时，实行"走出去"战略，"鼓励国内有比较优势的企业到境外投资办厂，开展加工贸易，或者合作开发资源。增加国内急需的关键设备、技术和重要原材料的进口"。[①] 多元化战略使得中国的进口来源地出现多样化趋势，而"走出去"战略使得中国的商品出口和投资目的地日益表现出多样化特点。在和平发展对外战略的引导下，发展中国家将在中国对外贸易中扮演更为重要的角色。

---

① 中共中央文献研究室编：《十五大以来重要文献选编》（中），人民出版社2001年版，第1184—1185页。

进入新世纪以来，中国多位国家领导人访问巴西，与巴西的政治交往较为频繁，政治互信不断提高。2006年，召开中巴高层协调与合作委员会（中巴高委会）第一次会议。2007年中巴双方决定建立战略对话机制，并举行首次战略对话。2008年，中国政府发表《中国对拉丁美洲和加勒比政策文件》，从战略高度看待包含巴西在内的拉丁美洲和加勒比国家，致力于发展全面合作伙伴关系。2009年，两国签署《中华人民共和国和巴西联邦共和国关于进一步加强中巴战略伙伴关系的联合公报》和《中华人民共和国政府与巴西联邦共和国政府2010年至2014年共同行动计划》，强化两国的战略伙伴关系。2012年伊始，外交部曾经主管拉美地区事务的副部长李金章出任中国驻巴西大使，举行中巴高委会第二次会议。一言以蔽之，中国在对外战略上日益重视巴西，两国关系密切。

（二）巴西的对外战略与国别贸易政策

长久以来，"巴西将外部威胁和外部风险视为经济脆弱性而非安全问题，认为外交政策的主要功能是减少经济脆弱性和为国家发展政策开拓空间"，实现经济关系的多元化和贸易自由化。[1] 卡多佐执政时期，曾经尝试实现贸易战略的自治性，或者脱离外交政策的总体目标。卢拉执政时期，巴西对外政策的国家发展主义传统改变了

---

[1] Veiga, Pedro da Motta, "Brazil's Trade Policy: Moving Away from Old Paradigms", pp. 5 - 6. in Lael Brainard and Leonardo Martinez-Diaz (eds.), *Brazil as an Economic Superpower? Understanding Brazil's Changing Role in the Global Economy*, Brookings Institution Press. 2009. 2009年8月6日下午，圣保罗大学政治学博士若泽·梅德罗斯（José Medeiros）在访问中国社科院拉丁美洲研究所巴西研究中心所做的学术报告中也明确地提出了这种观点。

这种取向，继承了巴西的外交传统，其对外战略的核心是拓展巴西在全球经济中的空间。①

1999 年实行改革后，为了扩大出口，巴西政府制定了"地区出口战略和出口产品战略，除了传统的美国、欧盟、日本等市场外，还将亚洲、俄罗斯、中东地区作为新的地域选择。将大豆、蔗糖、咖啡、橙汁、烟草、牛肉、家禽肉、钢铁产品、飞机等具有竞争优势的产品作为战略出口商品，使出口地区和产品多元化，将出口作为经济发展的支柱"。"为了实现这一目标，政府将驻外使领馆的首要任务定位于发展经贸关系，宣传和推广巴西的产品。"②

巴西在追求大国外交的时候，将亚洲置于对外政策"特别优先的地位"。③ 2003 年 1 月 1 日，卢拉在总统就职演讲中，将中国和南美国家视为巴西对外政策中优先考虑的重点之一。④ 2004 年 5 月，巴西总统卢拉率领超过 400 名企业家的代表团访问中国，这是巴西有史以来出访规模最大的官方商贸代表团。卢拉政府将贸易政策的主动权重新集中在外交部，贸易政策受到对外政策驱动。2004 年，胡锦涛主席访问巴西期间，两国领导人宣布将充实和深化中巴战略伙伴关系，共同确定了指导双边关系发展的四项原则，承认中国完全市场的经济地位。

近年来，在关注传统的欧美市场之外，巴西将注意力转向经济

---

① 张凡："发展中大国国际战略初探：巴西个案"，《拉丁美洲研究》2007 年第 1 期，第 27 页。
② 吕银春："巴西经济改革的成效"，江时学编：《拉丁美洲和加勒比发展报告 (2002—2003)：拉美经济改革》，社会科学文献出版社 2003 年版。
③ 徐世澄著：《拉丁美洲政治》，中国社会科学出版社 2006 年版，第 230 页。
④ 张小冲、张学军主编：《走进拉丁美洲》，人民出版社 2005 年版，第 26 页。

持续高速发展的亚太地区。巴西将中国视为实现市场多元化的重要方向之一。2008年7月3日,巴西多个部门联合制定名为《中国议程:积极发展中巴经贸关系》的报告,对中国市场进行了全面分析,期待增加对华出口,吸引更多的中国投资。为此,巴西制定了扩大对华出口的48个重要行业、619种产品,还规划出吸引中国投资的行业领域。

中巴两国从战略高度重视彼此关系,均视对方为市场多元化的方向之一,改变了各自的对外贸易地理方向。两国对外战略方向相互融合,最终为双边贸易关系发展提供了战略保障。

三、中巴贸易关系跨越

(一)发展速度

中国和巴西经济的快速发展为扩大两国经贸合作奠定了基础,而中巴经济互补性强、双边友好合作伙伴关系持续发展,以及金砖国家合作机制逐渐成熟,又为中巴经贸与投资顺利发展提供了保障。[1]

2000年,中巴双边贸易额增至28.45亿美元。2003年,中巴双边贸易额达80亿美元。2004年,中国对巴西投资达11627万美元,在中国对外投资中位于第27位。2009年4月,中巴贸易额达361亿美元,增长势头强劲。

---

[1] R.杜马斯、T.罗西托:"中巴合作:寻求共赢模式",《中国社会科学报》2011年4月19日。

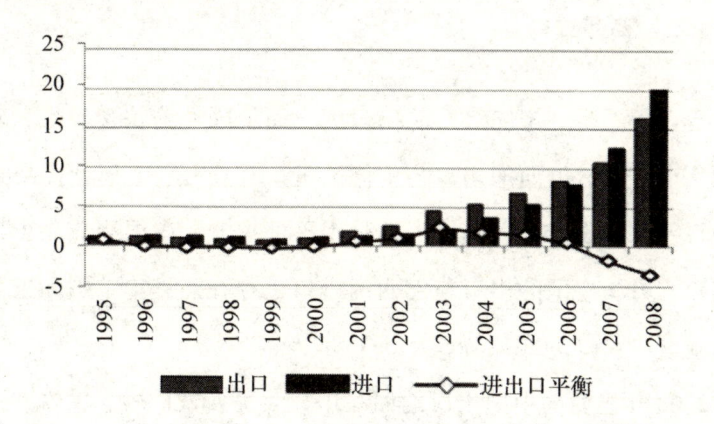

图 6—8　1995—2008 年中巴进出口贸易平衡（单位：10 亿美元）

资料来源：Caio Marcos Mortatti, Sílvia Helena Galvão de Miranda, Mirian Rumenos Piedade Bacchi, "Determinantes do Comércio Brasil-China de Commodities e Produtos Industriais: uma Aplicação VECM", *Economia Aplicada*, Vol. 15, No. 2, 2011, p. 313.

中国已经成为巴西出口增长最快的市场，2003 年从巴西购买的产品比 2002 年增长了 80%，过去 4 年中，两国的双边贸易增长了 4 倍多。大豆、铁矿石、钢铁、大豆油和木材占巴西对中国出口的 75%。中国在巴西出口总值的份额由 1999 年的 1.4% 上升到 2003 年的 6.2%。[1]

中国与巴西的经贸合作卓有成效，双方在农牧业、水产养殖、林业、水电、电子信息、医药卫生、新材料、生物工程及和平利用核能方面签署了合作协议。[2]

---

[1] ［西、法］哈维尔·桑蒂索主编，王鹏、赵重阳译：《中国在拉美的有形之手》，世界知识出版社 2009 年版，第 48 页。

[2] 郑启荣主编：《改革开放以来的中国外交（1978—2008）》，世界知识出版社 2008 年版，第 226 页。

(二) 商品结构

巴西仍然是一个初级产品出口国,而中国经济快速发展,对原材料需求旺盛,巴西的出口与中国的进口存在互补。巴西需要进口工业设备和电子产品,随着工业化水平的提升,中国制成品出口能力得以提升,中国的出口与巴西的进口也存在互补。中国和巴西形成产业间贸易(interindustry trade)态势。

2003 年巴西向中国出口的商品中,大豆、铁矿砂、钢铁、豆油和木材占 75%,1999 年,中国对巴西的出口贸易中仅占 1.4%,2003 年,这一比例已经达到 6.2%。2003 年,中国从巴西的进口增长了将近 100%。[1] 2009 年,中国从巴西进口的主要是资源性产品,中国出口到巴西的主要是机电产品。

(三) 相互地位

2009 年,中国成为巴西第一大贸易伙伴、最大的出口目的地和第二大进口来源地,而巴西是中国第十大贸易伙伴,2010 年中国成为巴西当年第一大投资来源国,同时还是巴西铁矿石最大的进口商。2010 年,中国成为巴西首要投资者,投资额大约为 200 亿美元,其中 12 亿美元投入到钢铁、石油、矿藏、交通和能源领域。[2] 中国已经成为巴西最重要的贸易伙伴,巴西经济对中国依赖性较强,形成

---

[1] 张小冲、张学军主编:《走进拉丁美洲》,人民出版社 2005 年版,第 121 页。
[2] Samuel W. Bodman, James D. Wolfensohn, Chairs and Julia E. Sweig, *Global Brazil and U. S. – Brazil Relations*, The Council on Foreign Relations, Independent Task Force Report No. 66, 2011, p. 16.

了以中国为中心的市场。①

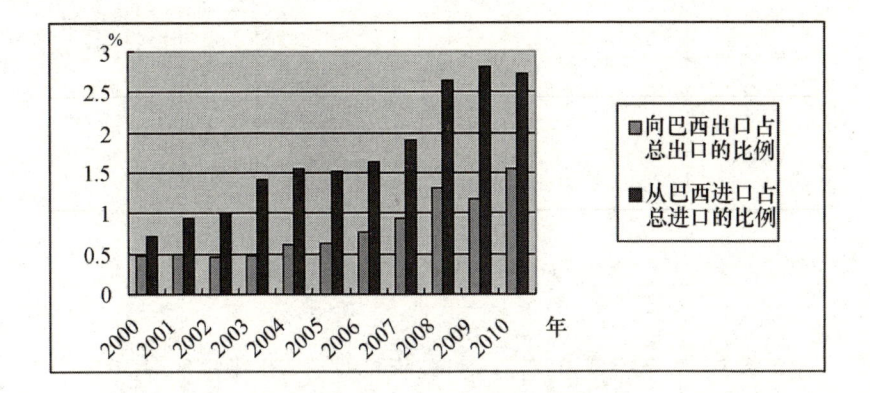

图6—9 2000—2010年对巴西进出口在中国进出口总额中的比例

资料来源：World Trade Organization, *International Trade Statistics 2011*, p. 235.

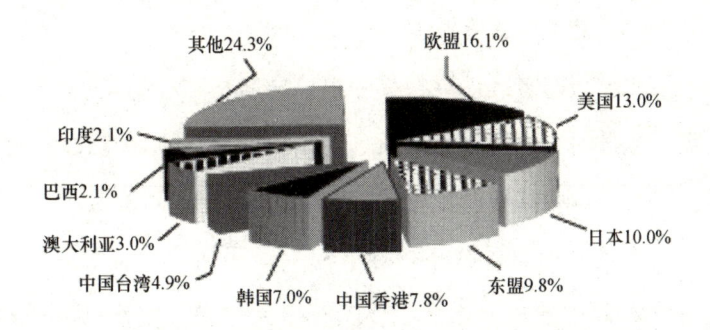

图6—10 2010年中国前十大货物贸易伙伴货物贸易比重

资料来源：中华人民共和国国务院新闻办公室：《中国的对外贸易》，人民出版社2011年版，第3页。

---

① Antonio Barros de Castro, "From Semi-stagnation to Drowth in a Sino-centric Market", *Brazilian Journal of Political Economy*, Vol. 28, No. 1, p. 3.

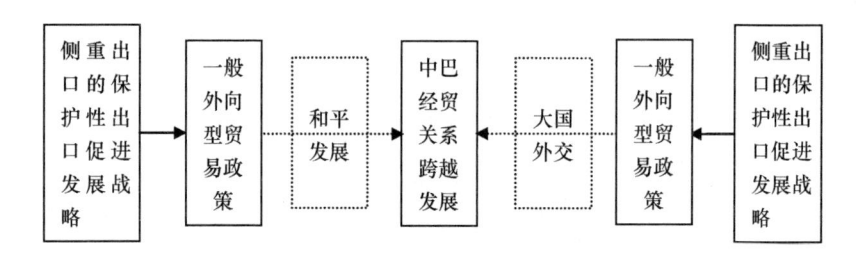

图 6—11　中巴贸易关系跨越逻辑图

从图 6—9 可以看出，中国从巴西的进口近年来虽然有所上升，但仍然不及中国进口总量的 3%，中国出口巴西的商品大约是出口总量的 1.6%。由此可见，巴西在中国对外贸易中地位有所上升。从图 6—10 可以看出，截至 2010 年，巴西仅占中国货物总量的 2.1%，巴西并非中国最重要的贸易伙伴。

中国和巴西都实行进口替代和出口导向相结合的发展战略，由此决定了各自的对外贸易总政策和进出口政策，最终导致中巴两国的进出口商品具有较高程度的互补性，形成了产业间贸易。

在和平发展的对外战略指导下，中国更加重视发展中国家在中国外交布局中的重要意义。在实行多元化和"走出去"战略的过程中，中国更加重视发展中国对进出口贸易的影响。随着中国与巴西政治关系的日益深化，中国与巴西的贸易往来更加密切，巴西已经成为中国重要的工业制成品销售市场和原材料进口来源地。

巴西在经济改革之后，在对外事务中逐渐追求大国外交，大力发展与亚太国家和中国的关系成为巴西对外政策的重要议题。在实行出口促进的政策时,更强调对外政策的推动作用,更加重视亚洲国家作为传统欧美出口市场的替代选择区域,中国成为巴西出口多元化的重要目的地之一。在吸引外资方面,中国也是巴西重要关注的对象国之一。

中巴双方始终以全局和战略眼光看待处理彼此关系,两国处于相似的发展阶段,面临相似的发展机遇和挑战,[①] 在这些因素共同作用下,中巴贸易关系实现了历史跨越式发展。

[①] "贾庆林与巴西参议长兼国会主席会谈",《人民日报》2009年11月27日,第1版。

结　论

◆ 第一节　结论 ◆

从第三、四、五和六章的内容可以看出，发展战略决定了一国对外贸易商品结构，直接影响到对外贸易总体政策和进出口商品政策。而对外战略能够针对不同的国家，将这种对外贸易政策予以区分，形成具有差异化的国别贸易政策，两个行为体彼此的国别贸易政策最终构成双边贸易关系现实。从中巴贸易关系的发展历程能够清晰地看出，双方的发展战略和对外战略共同决定了双边贸易关系的发展现状。

新中国成立后，为发展工业，实行进口替代发展战略，在对外贸易上实行保护政策，主要贸易对象是苏联和美国，加之"一边倒"对外战略的作用，中国与巴西接触较少。虽然在20世纪60年代实行"两面开弓"的对外战略后，中国加强了与第三世界国家的联系，但与巴西的往来仅仅停留在民间往来层面。二战后，为发展民族经济，巴西转而实行进口替代发展战略，实行保护贸易政策，主要贸易对象是欧美国家。由于对外战略上追随美国，巴西与社会主义中国的往来主要体现在民间友好往来上。相似的内向型发展战略和相互排斥的对外战略终究导致中巴贸易停滞。

1966年后，中国实行更为极端的进口替代发展战略，推行极为保守的贸易政策，经济发展处于相对封闭的状态。随着与苏关系的破裂，中国逐渐采取"一条线"的对外战略，认识到第三世界国家在维护世界和平中的作用，逐渐与这些国家建立了外交关系。进入军政府时期，巴西在实行进口替代的同时，大力发展出口。其对外战略摆脱"意识形态"边疆政策，实行多元外交，重视发展中国家在巴西对外经济关系多样化中的作用。虽然中巴发展战略都强调进口替代，但巴西开始重视出口，而且两国对外战略都重视发展中国家，中国和巴西建立外交关系。双边政治关系的发展为双边贸易关系注入了活力，中巴贸易关系由此起步。

改革开放之后，中国在实行进口替代政策的同时，又鼓励出口，贸易政策从保守转向自由。对外战略上摆脱了意识形态的影响，实行真正的不结盟战略，加强与第三世界国家的交流与合作。进入20世纪80年代之后，巴西在继续实行进口替代发展战略的同时，又面向出口。其贸易政策虽然继续表现出"限入奖出"的保守特征，但保护程度不断降低。巴西对外战略自主性不断增强，制定"亚洲战略"，重视发展与中国的关系。中国和巴西都实行愈益外向型的混合发展战略，贸易政策逐步由保守向自由过渡。在对外战略的引导下，中巴关系更加密切，中巴贸易关系得以发展。

进入新世纪后，中国在继续实行进口替代发展战略的同时，更加重视出口的作用，贸易政策更趋自由，逐步实施出口多元化和"走出去"战略。和平发展的对外战略使得发展中国家在中国对外关系布局中的重要性进一步上升。巴西实行经济改革后，从内向型进口替代向外向型出口导向发展战略转变，出口对巴西经济发展意义重大。在大国外交的作用下，巴西更为关注经济稳定发展的亚太国家。更为注重出口的发展战略使得中巴两国经济互补性较强，对外战略又使双方相互重视，中巴贸易关系获得跨越式发展。

在发展战略和对外战略共同交互作用下，中巴贸易关系在时序轨迹和空间结构上体现出非均衡和非对称的特点。在历史进程上，双边贸易关系表现出非均衡发展现象：建国后很长一段时间中巴贸易关系发展缓慢，进入新世纪后，双边贸易关系呈现飞跃发展；在内容结构上，中巴贸易呈现出非对称现象。这首先表现在商品结构上，中巴体现出鲜明的产业间贸易结构，进出口商品内容差异较大。其次是在相互地位上，中巴双方从鲜有贸易往来到中国成为巴西最重要的贸易伙伴，巴西对中国的依存要高于中国对巴西的需求。

在此，我们论证了本书提出的双边关系的解释框架，并将这一框架置于历史发展的动态进程中予以检验。通过对中巴贸易关系的历史案例的检验，我们发现，各国实行的发展战略和对外战略共同决定了两个国家的贸易关系。不仅如此，在不同的历史阶段，基于各国实行的发展战略和对外战略的交互性作用，双边贸易关系呈现不同的发展状态。发展战略和对外战略的非同步性最终改变了两国贸易关系的时序轨迹和空间结构特性，从而使得双边贸易关系在不同的历史阶段展现出不同的发展态势。

通过本书的研究，我们有理由相信，双边贸易关系并非仅仅是一个经济学范畴的问题。如果只立足于从贸易方面来解释双边贸易关系，不足以展现出两国贸易关系的全貌，有必要解构行为主体之间的个体属性，从历史发展进程来全面分析这一问题。

◆ 第二节 有待研究的问题 ◆

本书的研究仅仅为双边关系研究开辟了一小块领地，未来研究还有必要从自变量，以及研究主体的横向面和纵向面这三个方面予以展开。

从本研究的自变量来看，未来研究应该深入对发展战略的认识，拓展对各个时期发展战略的形成动力研究，从形成动力中探究新的解释变量，将本书的研究继续向纵深推进。

深化对发展战略的研究大致可以沿着三条路径进行：第一条路径是继续沿着发展战略的方向，遵循经济学的研究范式，着力挖掘工业化进程对中巴贸易关系的影响。之所以关注工业化，是因为中国和巴西同为发展中国家，且均为农业大国，都还面临着由农业国向工业国转变的历史重任。工业化必将长远地影响着两国的对外贸易政策。第二条路径可能是朝着对外战略及其与发展战略的交互性影响方向发展，这将是一个颇具生命力的领域。从宏观层面来看，就是要研究国内政治与经济的互动对外交政策的影响；从微观角度来看，重点研究发展战略与对外战略的交互性作用在对外政策形成中的意义。第三条路径，从发展战略的形成过程来研究，其中很重要的一个方面就是发展战略背后的指导思想问题。巴西"在30年代以前的出口导向发展战略遵从自由主义的思想，30年代到80年代的进口替代发展战略遵从发展主义的思想，80年代的出口导向战略遵从新自由主义的思想，90年代以来的综合发展战略遵从兼有自由主义和民族主义的思想"。① 中国自1949年以来从独立自主逐渐走向对外开放，从与世孤立到日益融入国际社会。两国在不同阶段的发展思想是形成各自发展战略极为重要的力量，进而影响了双边贸易关系的发展。

从横向来看，又有地区和全球两个层面。就地区层面而言，本书仅仅研究了中国与巴西的贸易关系，然而国内外学术界有将拉丁美洲地区作为整体研究的惯例，墨西哥、阿根廷、智利、秘鲁等国与巴西工业化发展大致同步，具有相似性，同时又有各国的特色。拉丁美洲所呈现出的整体性与国别性在客观上要求继续研究中国与其他拉美国家的经贸关系，以验证发展战略对双边贸易关系的影响。就全球层次而言，其他新兴经济体，如印度、俄罗斯、南非将是未来研究的主要对象，这些国家都处在工业化关键时期，近年来与中国经贸关系发展迅速，有必要研究不同时期的发展战略是否会影响中国与这些国家之间的贸易关系。

纵向来看，工业化可以成为研究中巴贸易关系的重要内容。工业化是现代化的本质，是改变国家发展不可抗拒的推动力量，有必要在工业化宏大的历史视野中来研究中巴关系。从更为宏观的工业化发展进程来看，一般而言，工业化内部结构的变动要经历重工业

---

① 曾昭耀："有关进口替代工业化战略评价中的几个问题"，《拉丁美洲研究》1999年第3期，第31页。

化阶段、高加工度化阶段和技术集约化阶段,与之相对应,工业化分别处于初级阶段、中级阶段和高级阶段,工业化结构从根本上决定了一国对外贸易政策的发展走向。

撇开上述具体研究的内容,从更为宏大的角度来看,可以采用双边关系的分析框架来研究其他问题。这是因为,双边关系是国际关系的重要内容,国际关系中包含着多种双边关系。因此,未来研究有必要将双边关系视为一种具有普遍意义的分析框架,重新审视国际事务领域中的问题。如果这种逻辑成立的话,双边关系分析框架将是一种富有生命力的解释问题的方式。

参考文献

一、中文书籍

1. 《邓小平文选》第三卷，人民出版社1993年版。

2. 《毛泽东选集》第一卷，人民出版社1991年版。

3. 《毛泽东选集》第四卷，人民出版社1991年版。

4. 中华人民共和国外交部、中共中央文献研究室编：《毛泽东外交文选》，中央文献出版社、世界知识出版社1994年版。

5. 中华人民共和国外交部、中共中央文献研究室编：《周恩来外交文选》，中央文献出版社1990年版。

6. 中共中央党史教研室编：《中共党史大事年表》，人民出版社1987年版。

7. 中共中央文献研究室：《毛泽东文集》第七卷，人民出版社1999年版。

8. 中共中央文献研究室编：《十二大以来重要文献选编》（下），人民出版社1988年版。

9. 中共中央文献研究室编：《十三大以来重要文献选编》（中），人民出版社1991年版。

10. 中共中央文献研究室编：《十四大以来重要文献选编》（上），人民出版社1996年版。

11. 中央档案馆编：《中共中央文件选集》第18册，中共中央党校出版社1992年版。

12. 常书林著：《外交ABC》，世界书局1928年版。

13. 陈舜英等著：《经济发展与通货膨胀——拉丁美洲的理论和实践》，中国财政经济出版社1990年版。

14. 陈芝芸等著：《拉丁美洲对外经济关系》，世界知识出版社1991年版。

15. 逄先知、金冲及主编：《毛泽东传（1949—1976）》（下卷），中共中央文献出版社2003年版。

16. 高金钿主编：《国际战略学概论》（修订本），国防大学出版社2001年版。

17. 宫力等主编：《从解冻走向建交：中美关系正常化进程再探讨》，中央文献出版社2004年版。

18. 宫力、刘德喜、刘建飞、王红续著：《和平为上：中国对外战略的历史与现实》，九州出版社2007年版。

19. 郭克莎著：《新时期工业化发展战略与政策》，人民出版社2004年版。

20. 顾卫平著：《当代世界经济与中国对外贸易研究》，上海大学出版社2004年版。

21. 江小涓等主编：《中国对外经贸理论前沿Ⅱ》，社会科学文献出版社 2003 年版。

22. 江时学著：《拉美发展模式研究》，经济管理出版社 1996 年版。

23. 江时学等著：《拉美与东亚发展模式比较研究》，世界经济出版社 2001 年。

24. 韩琦主编：《世界现代化进程：拉美卷》，江苏人民出版社 2010 年版。

25. 胡鞍钢著：《中国政治经济史论（1949—1976）》（第 2 版），清华大学出版社 2008 年。

26. 胡锦涛著：《在中国加入世界贸易组织 10 周年高层论坛上的讲话》，人民出版社 2011 年版。

27. 黄晓玲主编：《中国对外贸易概论》，对外经济贸易大学出版社 2005 年版。

28. 海闻、P. 林德特、王新奎著：《国际贸易》，上海人民出版社 2011 年版。

29. 美国国会联合经济委员会编：《对中国经济的重新估计》（下册），中国财政经济出版社 1977 年版。

30. 林毅夫著：《论经济发展战略》，北京大学出版社 2005 年版。

31. 刘达人著：《外交科学概论》，中华书局 1941 年影印版。

32. 刘力著：《内撑外开：发展中大国的贸易战略》，东北财经大学出版社 1999 年版。

33. 李景治、罗天虹等著：《国际战略学》，中国人民大学出版社 2003 年版。

34. 李少军主编：《国际战略报告：理论体系、现实挑战与中国的选择》，中国社会科学出版社 2005 年版。

35. 吕银春、周俊南编著：《巴西》，社会科学文献出版社 2004 年版。

36. 吕银春著：《经济发展与社会公正：巴西实例研究报告》，世界知识出版社 2003 年版。

37. 林建华主编：《余音绕园：外国政要北大讲演录，1998—2008》，北京大学出版社 2008 年版。

38. 钱其琛著：《外交十记》，世界知识出版社 2003 年版。

39. 苏振兴、袁东振著：《发展模式与社会冲突：拉美国家社会问题透视》，当代世界出版社 2001 年版。

40. 苏振兴、徐文渊主编：《拉丁美洲国家经济发展战略研究》，北京大学出版社 1987 年版。

41. 苏振兴等著：《巴西经济》，人民出版社 1983 年版。

42. 苏振兴主编：《拉丁美洲和加勒比发展报告（2008—2009）》，社会科学文献出版社 2009 年版。

43. 苏振兴主编：《拉美国家现代化进程研究》，社会科学文献出版社 2006 年版。

44. 谭宗级、郑谦著：《十年后的评说："文化大革命"史论集》，中共党史资料出版社 1987 年版。

45. 徐世澄主编：《 美国和拉丁美洲关系史》，社会科学文献出版社 1995 年版。

46. 徐世澄著：《拉丁美洲政治》，中国社会科学出版社 2006 年版。

47. 现代国际关系研究院拉丁美洲研究室编：《拉丁美洲论文

集》，时事出版社 1988 年版。

48. 外经贸部国际贸易经济合作研究院编著：《走向 21 世纪的拉美市场》，中国对外经济贸易出版社 1997 年版。

49. 王年一著：《大动乱的年代：1949—1989 年的中国》，河南人民出版社 1989 年版。

50. 王鸣鸣著：《对外政策分析：理论与方法》，中国社会科学出版社 2008 年版。

51. 王平、钱学锋著：《WTO 与中国对外贸易》，武汉大学出版社 2004 年版。

52. 王泰平主编：《中华人民共和国外交史》（第二卷），世界知识出版社 1998 年版。

53. 杨光斌、李月军等著：《中国国内政治经济与对外关系》，中国人民大学出版社 2007 年版。

54. 尹翔硕著：《加入 WTO 后的中国对外贸易战略》，复旦大学出版社 2001 年版。

55. 张宝宇、陈作彬等著：《巴西》，上海辞书出版社 1983 年版。

56. 中华人民共和国国务院新闻办公室：《中国的对外贸易》，人民出版社 2011 年版。

57. 周启朋、杨闯等编译：《国外外交学》，中国人民公安大学出版社 1990 年版。

58. 朱立南著：《中国对外贸易》，首都师范大学出版社 1994 年版。

59. 郑谦、张化著：《毛泽东时代的中国（1949—1976）》第三卷，中共党史出版社 2003 年版。

60. 张蕴岭主编：《中国对外关系：回顾与思考（1949—2009）》，社会科学文献出版社 2009 年版。

61. 张季良主编：《国际关系学概论》，世界知识出版社 1989 年版。

62. 张培刚主编：《发展经济学教程》，经济科学出版社 2001 年版。

63. 张小冲、张学军主编：《走进拉丁美洲》，人民出版社 2005 年版。

64. 曾照耀主编：《现代化战略选择与国际关系》，社会科学文献出版社 2000 年版。

65. 赵晓春著：《发达国家外交决策制度》，时事出版社 2001 年版。

66. ［德］克劳塞维茨著，中国人民解放军军事科学院译：《战争论》第 1 卷，商务印书馆 1982 年版。

67. ［美］艾伯特·赫希曼著，曹征海、潘照东译：《经济发展战略》，经济科学出版社 1991 年版。

68. ［美］阿维纳什·迪克西特著，刘元春译：《经济政策的制定：交易成本政治学的视角》，中国人民大学出版社 2004 年版。

69. ［美］本杰明·J. 科恩著，杨毅、钟飞腾译：《国际政治经济学：学科思想史》，上海世纪出版集团 2010 年版。

70. ［美］H. 钱纳里等著，李新华等译：《发展的型式：1950—1970》，经济科学出版社 1988 年版。

71. ［美］H. 钱纳里等著，吴奇等译：《工业化和经济增长的比较研究》，上海人民出版社 1995 年版。

72. [美] 金骏远著, 王军、林民旺译：《中国大战略与国际安全》, 社会科学文献出版社 2008 年版。

73. [美] 加里·杰里菲、唐纳德·怀曼编, 俞新天等译, 《制造奇迹：拉美与东亚工业化的道路》, 上海远东出版社 1996 年版。

74. [美] 罗伯特·O. 基欧汉编, 郭树勇译：《新现实主义及其批判》, 北京大学出版社 2002 年版。

75. [美] 杰里尔·A. 罗赛蒂, 周启朋、傅耀祖译：《美国对外政策的政治学》, 世界知识出版社 1996 年版。

76. [美] 吉利斯·波金斯、罗默·斯诺德格拉斯著, 黄卫平等译：《发展经济学》（第四版）, 中国人民大学出版社 1998 年版。

77. [美] 彼得·卡岑斯坦编, 陈刚译：《权力与财富之间》, 吉林出版集团有限责任公司 2007 年版。

78. [美] 斯·罗博克著, 唐振彬等译：《巴西经济发展研究》, 上海译文出版社 1980 年版。

79. [美] 塞缪尔·亨廷顿等著：《现代化理论与历史经验的再探讨》, 上海译文出版社 1993 年版。

80. [美] 詹姆斯·多尔蒂、小罗伯特·普法尔茨格拉夫著, 阎学通、陈寒溪等译：《争论中的国际关系理论》（第五版）, 世界知识出版社 2003 年版。

81. [加拿大] 夏尔—菲利普·大卫著, 李旦等译：《白宫的秘密：从杜鲁门到克林顿的美国外交决策》, 中国人民大学出版 1998 年版。

82. [苏] 安·安·葛罗米柯、鲍·尼·波诺马廖夫主编, 韩正文等译：《苏联对外政策史 1945—1980》（下卷）, 中国人民大学出版社 1989 年版。

83. ［西、法］哈维尔·桑蒂索主编，王鹏、赵重阳译：《中国在拉美的有形之手》，世界知识出版社 2009 年版。

84. ［英］格雷厄姆·沃拉斯著，朱曾汶译：《政治中的人性》，商务印书馆 1996 年版。

85. ［英］提莫·邓恩、密切尔·考克斯、肯·布斯主编：《八十年危机：1919—1999 年的国际关系》，新华出版社 2003 年版。

86. 《中国外贸体制改革的进程、效果与国际比较》课题组著：《中国外贸体制改革的进程、效果与国际比较》，对外经济贸易大学出版社 2007 年版。

二、中文论文

1. 蔡昉："发展阶段判断与发展战略选择——中国又到了重化工业化阶段吗"，《经济学动态》2005 年第 9 期。

2. 陈才兴："比较优势、技术模仿：巴西'进口替代'工业化发展之路"，《江汉大学学报（社会科学版）》2008 年第 3 期。

3. 陈环宇、杨延哲、周弘："巴西的产业政策、部门成长及战后经济发展：资源障碍论"，《地理科学进展》1996 年第 2 期。

4. 高君成："评拉美发展主义的经济理论及其实践"，《拉丁美洲研究》1985 年第 2 期。

5. 江时学："拉美进口替代工业化发展模式的演变"，《拉丁美洲研究》1996 年第 4 期。

6. 焦震衡："巴西经济外交在经济模式转型中的作用"，《世界经济与政治》1996 年第 6 期。

7. 蒋振中："论进口替代与出口替代的工业化战略",《国际商务研究》1983 年第 2 期。

8. 李钢："新中国外经贸发展六十年（1949—2009）",《对外经贸实务》2009 年第 10 期。

9. 李巍："从体系层次到单元层次：国内政治与新古典现实主义",《外交评论》2009 年第 5 期。

10. 罗伯托·杜马斯·达马斯："巴西经济的历史与展望",《湖南商学院学报》2010 年第 2 期。

11. 卢拉："巴西和中国：在变化的世界格局中加强战略伙伴关系",《拉丁美洲研究》2009 年第 3 期。

12. 吕银春："1968—1973 年巴西经济奇迹剖析",《拉丁美洲研究》1974 年第 4 期。

13. R. 杜马斯、T. 罗西托："中巴合作：寻求共赢模式",《中国社会科学报》2011 年 4 月 19 日。

14. 尚德良、孙岩峰："从金融动荡看巴西经济形势",《现代国际关系》1999 年第 5 期。

15. 苏振兴："巴西工业竞争力分析",《拉丁美洲研究》2008 年第 5 期。

16. 苏振兴："拉美国家工业化的战略选择",《拉丁美洲研究》1989 年第 3 期。

17. 王海涛："对发展中国家内的大国的工业化战略的比较",《南开经济研究》1994 年第 6 期。

18. 王逸舟："试析国际政治学的美国重心",《美国研究》1998

年第 1 期。

19. 吴洪英："巴西现代化实质刍议",《拉丁美洲研究》2003 年第 5 期。

20. 吴国平："试论 80 年代拉丁美洲经济发展模式的转变",《拉丁美洲研究》1992 年第 5 期。

21. 巫宁耕："中国和印度、巴西工业化道路比较",《北京大学学报（哲学社会科学版）》1991 年第 4 期。

22. 徐海宁："工业化与我国外贸的战略选择",《世界经济研究》1986 年第 6 期。

23. 岳云霞："拉美外向型发展模式的经济与社会成效研究",《拉丁美洲研究》2009 年第 5 期。

24. 徐文渊："拉丁美洲的工业化与对外贸易",《拉丁美洲研究》1990 年第 2 期。

25. 曾昭耀："有关进口替代工业化战略评价中的几个问题",《拉丁美洲研究》1999 年第 3 期。

26. 张凡："发展中大国国际战略初探巴西个案",《拉丁美洲研究》2007 年第 1 期。

27. 张宝宇："巴西的产业结构与产业结构政策",《拉丁美洲研究》1986 年第 6 期。

28. 赵丽红："关于贸易条件恶化论的争论",《拉丁美洲研究》2011 年第 3 期。

29. 朱满庭："七十年代以来拉丁美洲的外交转型",《拉丁美洲研究》1985 年第 3 期。

30. 朱文晖："中国出口导向战略的迷失——大国的经验与中国

的选择",《战略与管理》1998年第5期。

31. 张清敏:"外交政策分析的三个流派",《世界经济与政治》2001年第9期。

32. 张颂豪:"拉美的对外贸易政策和实践",《拉丁美洲研究》1986年第3期。

33. "新华社资深记者陈家瑛谈巴西经济、中巴关系及巴西观感",《拉丁美洲研究》2007年第4期。

三、外文书籍

1. Alex Mintz, Karl DeRouen Jr. , *Understanding Foreign Policy Decision Making*, New York: Cambridge University Press, 2010.

2. Chad J. Mitcham, *China's Economic Relations with the West and Japan, 1949 – 1979: Grain, Trade and Diplomacy*, Routledge, 2005.

3. Charles. W. Freeman, Jr. , *The Diplomat's Dictionary*, Washington, D. C. : National Defense University Press, 1994.

4. Fabiano Abranches Silva Dalto, *Government, Market and Development: Brazilian Economic Development in Historical Perspective*, PhD Dissertation, University of Hertfordshire, November 2007.

5. Gene T. Hsiao, *The Foreign Trade of China: Policy, Law, and Practice*, Loa Angeles: University of California Press, 1977.

6. G. R. Berridge and Alan James, *A Dictionary of Diplomacy (Second Edition)*, Palgrave Macmillan, 2003.

7. Hal Brands Samuel W. Bodman, James D. Wolfensohn, Chairs

and Julia E. Sweig, *Global Brazil and U. S. – Brazil Relations*, The Council on Foreign Relations, Independent Task Force Report No. 66, 2011.

8. Harry R. Yarger, *Strategic Theory for the 21st Century: The Little Book on Big Strategy*, Strategic Studies Institute. 2006.

9. Jeffry Frieden and Ernesto Stein eds. , *The Currency Game: Exchange Rate Politics in Latin America.* Inter-American Development Bank, 2001.

10. Joshua Eisenman, Eric Heginbotham, and Derek Mitchell, ed. *China and the Developing World: Beijing's Strategy for the Twenty-first Century*, M. E. Sharpe, Inc. , 2007.

11. Jogen Dige Pedersen, *Globalization, Development, and The State: The Performance of India and Brazil since 1990*, Palgrave Macmilla, 2008.

12. Joshua Eisenman, Eric Heginbotham, and Derek Mitchell, ed. *China and the Developing World: Beijing's Strategy for the Twenty-first Century*, M. E. Sharpe, Inc. , 2007.

13. J. F. Hornbeck, "Brazilian Trade Policy and the United States", CRS Report for Congress, Order Code RL33258, February 3, 2006.

14. Kenneth Waltz, *Theory of International Politics*, Addison-Wesley Publishing Company, 1979.

15. Lael Brainard and Leonardo Martinez-Diaz (eds.), *Brazil as an Economic Superpower? Understanding Brazil's Changing Role in the Global Economy*, Brookings Institution Press, 2009.

16. Marcelo de Paiva Abreu, *The Brazilian Economy, 1928 – 1980*,

(First Draft) Texto Para Discussao, Novembro, 2000.

17. Martin Griffiths, Terry O'Callaghan, Steven C. Roach, *International Relations: The Key Concepts* 2nd *Edition*, Routledge, 2008.

18. Marshall, Alfred, *The Pure Theory of Foreign Trade: The Pure Theory of Domestic Values*, New Jersey: A. M. Kelley, 1974.

19. Nathan Leites, *The Operational Code of the Politburo*, 1st edition, The RAND Corporation, 1951.

20. Nicholas R. Lardy, *Foreign trade and economic reform in China, 1978–1990*, Cambridge University Press, 1993.

21. Patrice M. Franko, *The puzzle of Latin American Economic Development*, Rowman & Littlefield Publishers, 2007.

22. Paul Wilkinson, *International Relation: A Very Short Introduction*, Oxford University Press, 2007.

23. Richard W. Cottam, *Foreign Policy Motivation: A General Theory and a Case Study*, Pittsburgh: University of Pittsburgh Press, 1977.

24. Richard Westra, *Confronting Global Neoliberalism: Third World Resistance and Development Strategies*, Clarity Press, 2010.

25. Sage, Andrew, eds., *Concise Encyclopedia of Information Processing in Systems and Organizations*, New York: Pergamon Press, 1990.

26. Samuel W. Bodman, James D. Wolfensohn, Chairs and Julia E. Sweig, *Global Brazil and U.S.–Brazil Relations*, The Council on Foreign Relations, Independent Task Force Report No. 66, 2011.

27. World Bank, *China Foreign Trade Reform: Meeting the Chal-*

lenge of the 1990s, Report No: 11568, CHA, 1993.

四、外文论文

1. Alexander L. George, "The 'Operational Code': A Neglected Approach to the Study of Political Leaders and Decision-Making", *International Studies Quarterly*, Vol. 13, No. 2, Jun., 1969.

2. Allison, Graham, "Conceptual Models and the Cuban Missile Crisis", *American Political Science Review*, Vol. 63, No. 3, 1969.

3. André Nassif, "National Innovation System and Macroeconomic Policies: Brazil and India in Comparative Perspective", *United Nations Conferenec on Trade and Development Dissusion Paper*, No. 184, May 2007.

4. Angela da Rocha, Alexandre Darzé, Beatriz Kury and Joana Monteiro, "The Emergence of New and Successful Export Activities in Brazil: Four Case Studies from the Manufacturing and the Agricultural Sector", Inter-American Development Bank, Research Network Working Paper #R – 550, September 2008.

5. Armando Castelar Pinheiro, Indermit S. Gill, Luis Servén & Mark Roland Thomas, "Brazilian Economic Growth, 1900 – 2000: Lessons and Policy Implications", Inter-American Development Bank, May 2004.

6. Andrew Hurrell, Brazil and the New Global Order, *Current History*, January 2010.

7. Bruce Bueno de Mesquita, "Domestic Politics and International Relations", *International Studies Quarterly*, Vol. 46, No. 1, 2002.

8. D. Rodick, "The Rush to Free Trade in the Developing World: Why So Late? Why Now? Will It Last?", *NBER Working Paper* No. 3947, January 1992.

9. Donald Hay, "Industrial policy in Brazil: A framework", *Texto Para Dsicussao* No. 551, Rio de Janeiro, março de 1998.

10. Eliana Cardoso, "A Brid History of Tade Polices in Brazil: From ISI, Export Promotion and Import Liberalization Multilateral and Regional Agreements", *Paper prepared for the conference on "The Political Economy of Trade Policy in the BRICS"*, New Orleans, March 27–28, 2009.

11. Eric Heginbotham, "Evaluating China's Strategy Toward the Developing World", in *China and the Developing World: Beijing's Strategy for the Twenty-first Century*, ed. Joshua Eisenman, Eric Heginbotham, and Derek Mitchell, M. E. Sharpe, Inc., 2007.

12. Eva Paus, "The Political Economy of Manufactured Export Growth: Argentina and Brazil in the 1970s", *The Journal of Developing Areas*, Vol. 23, No. 2, January, 1989.

13. Flavio Menezes, "Price stabilisation and microeconomic reforms in Brazil", *Agenda*, Volume 6, Number 3, 1999.

14. Flemes, "Daniel, Emerging middle powers, soft balancing strategy", *GIGA Working Papers* August 2007, No. 57.

15. Geisa Maria Rocha, "Neo-Depend ecy in Brazil", *New Left Review*, Vol. 16, July-Augst, 2002.

16. George, Alexander L, "The Case for Multiple Advocacy in Making Foreign Policy", *American Political Science Review*, Vol. 66, No. 3, Sep., 1972.

17. Guilhoto, J. J. M. Mudanças Estruturais e Setores Chave na Economia Brasileira, 1960 – 1990, *Anais do XIV Encontro Brasileiro de Econometria*, 1, 1992.

18. Herbert A. Simon, "A Behavioral Model of Rational Choice", *The Quarterly Journal of Economics*, Vol. 69, No. 1, Feb., 1955.

19. Hermann, Margaretg, and Charles W. Kegley, JR, "Rethinking Democracy and International Peace: Perspectives from Political Psychology", *International Studies Quarterly*, Vol. 39, No. 4, Dec., 1995.

20. Hollis B. Chenery, "Interactions Between Industrialization and Exports", *The American Economic Review*, Vol. 70, No. 2, May, 1980, Papers and Proceedings of the Ninety-Second Annual Meeting of the American Economic Association.

21. Isabelle Maag, "Brazil's Foreign Economic Policy: South-South, North-South or both?", *Friedrich Ebert Stiftung Briefing Paper*, March 2005.

22. James D. Fearon, "Domestic politics, Foreign Policy, and Theories of International Relations", *Annual Reviews Political Science*. Vol. 1, No. 1, 1998.

23. James N. Rosenau, "Comparative Foreign Policy: Fad, Fantasy, or Field?", *International Studies Quarterly*, Vol. 12, No. 3, September 1968.

24. Jonathan H. Klein and Dale F. Cooper, "Cognitive Maps of Decision-Makers in a Complex Game", *The Journal of the Operational Research Society*, Vol. 33, No. 1, Jan., 1982.

25. Justin Yifu Lin, "Development Strategy, Viability, and Economic Convergence", *Economic Development and Cultural Change*, Vol. 51, No. 2, January 2003.

26. J. F. Hornbeck, "Brazilian Trade Policy and the United States", *CRS Report for Congress*, Order Code RL33258, February 3, 2006.

27. K. E. Boulding, "National Images and International Systems", *The Journal of Conflict Resolution*, Vol. 3, No. 2, Jun., 1959.

28. Lin Guijun, Ronald M. SCHRAMM, "China's Foreign Exchange Policies Since 1979: A Review of Developments and An Assessment", *China Economic Review*, Vol. 14, 2003.

29. Marcelo de P. Abreu, Afonso S. Bevilaqua & Demosthenes M. Pinho, "Import Substitution and Growth in Brazil, 1890s – 1970s", *Getúlio Vargas Foundation*.

30. Marcelo de Paiva Abreu, "The Political Economy of High Protection in Brazil before 1987", Inter-American Development Bank Integration and Regional Programs Department, Working Paper-SITI – 18A.

31. Mari Regina Soares de Lima & Monica Hirst, "Brazil as A IIntermediate State and Regional Power: Action, Choice and Responsibilities", *International Affairs*, Vol. 82, No. 1, 2006.

32. Margaret G. Hermann, "Political Psychology as a Perspective in the Study of Politics" in Kristen Renwick Monroe ed., *Political Psychol-*

ogy, New Jersey: Lawrence Erlbaum Associates, 2002.

33. Mauricio Mesquita Moreira, "Brazil's Trade Liberalization and Growth: Has it Failed?", Inter-American Development Bank, Occasional Paper 24, March, 2004.

34. Michaeld D. Young and Mard Schafer, "Is There Method in Our Madness? Ways of Assessing Cognition in International Relations", *Mershon International Studies Review*, Vol. 42, No. 63, 1998.

35. Mikael Wigell, "Assertive Brazil: An Emerging Power and its Implications", *The Finnish Institute of International Affairs*, Briefing Paper 82, May 2011.

36. Mandel, Robert, "Psychological Approaches to International Relations", In *Political Psychology*, eds. , Margaret Hermann. San Francisco: Jossey-Bas. 1986.

37. Madhu Bhalla, "Domestic Roots of China's Foreign and Security Policy", *International Studies*, Vol. 42, No. 3&4, 2005.

38. Mauricio Mesquita Moreira & Paulo Guilherme Correa, "A First Look at the Impacts of Trade Liberalization on Brazilian Manufacturing Industry", *World Development*, Vol. 26, No. 10.

39. Mauro Rodrigues, "Import Substitution and Economic Growth", *Journal of Monetary Economics*, Vol. 57, 4 January, 2010.

40. Nathaniel Leff, "Export Stagnation and Autarkic Development in Brazil, 1947 – 1962", *Quarterly Journal of Economics*, Vol. 71, No. 3, May 1967.

41. Paulo Roberto de Almeida, "Brazil as a Regional Player and an

Emerging Global Power: Foreign Policy Strategies and the Impact on the New International Order", *Friedrich Ebert Stiftung Briefing Paper* 8, July 2007.

42. Peter Hakim, "Brazil's Foreign Policy Under Dilma Rousseff", *Islamic Republic News Agency*, January 2, 2011.

43. Rajneesh Narula, "Switching from import substitution to the 'New Economic Model' in Latin America: A case of not learning from Asia", *Latin America/Caribbean and Asia/Pacific Economics and Business Association Working paper*, No. 4, December 2002.

44. Renato P. Colistete, "Revisiting Import-Substituting Industrialization in Brazil: Productivity Growth and Technological Learning in the Post-War Years", Conference on "Latin America, Globalization, and Economic History", 24th and 25th of April 2009.

45. Richard Grabowski, "Import Substitution, Export Promotion, and the State in Economic Development", *The Journal of Developing Areas*, Vol. 28, No. 4, July, 1994.

46. Richard N. Cooper, "Trade Policy is Foreign Policy", *Foreign Policy*, No. 9, Winter, 1972 – 1973.

47. Ricardo Mendes Denise Gregory Speech at the conference, "Leadership and Responsibility in the New Brazilian International Agenda", September 23, 2010, http://www.thedialogue.org/page.cfm?pageID = 32&pubID = 2479.

48. Richard K. Herrmann, James F. Voss, Tonya Y. E. Schooler, Joseph Ciarrochi, "Images in International Relations; An Experimental

Test of Cognitive Schemata", *International Studies Quarterly*, Vol. 41, No. 3, Sep. , 1997.

49. Reinhardt, N. and Peres, W, "Latin America's New Economic Model: Micro Responses and Economic Restructuring", *World Development*, Vol. 28, No. 9, 2000.

50. Robert J. Alexander, "The Import-Substitution Strategy of Economic Development", *Journal of Economic Issues*, Vol. 1, No. 4, Dec, 1967.

51. Robert W. Cox, "Social Forces, States and World Orders: Beyond International Relations Theory", *Journal of International Studies*, Vol. 10, No. 2, 1981.

52. Rocha, G. M. "Neo-Dependency in Brazil", *New Left Review*, Vol. 16, July-August, 2002.

53. Scott Kennedy, "China's Porous Protectionism: The Changing Political Economy of Trade Policy", *Political Science Quarterly*, Vol. 120, No. 3, 2005.

54. Simon, Herbert, "Human Nature in Politics: The Dialogue of Psychology with Political Science", *American Political Science Review*, Vol. 79, No. 2, 1985.

55. Simón Teitel and Francisco E. Thoumi, "From Import Substitution to Exports: The Manufacturing Exports Experience of Argentina and Brazil", *Economic Development and Cultural Change*, Vol. 34, No. 3, Growth Reform, and Adjustment: Latin America's Trade and Macroeconomic Policies in the 1970s and 1980s, April. , 1986.

56. Solange Monteiro, "Brazil's Trade Woes", *The Brazilian Economy*, *Getulio Vargas Foundation*, Vol. 3, No. 2, February, 2011.

57. Thomas Rumbaugh & Nicolas Blancher, "China: international trade and WTO accession", *International Monetary Fund*, Working Paper, 2004.

58. Valerie M. Hudson and Christopher S. Vore, "Foreign Policy Analysis: Yesterday, Today, and Tomorrow", *Mershon International Studies Review*, Vol. 39, No. 2, Oct. , 1995.

59. Wang Jisi, "International Relations Theory and the Study of Chinese Foreign Policy: A Chinese Perspective", in *Chinese Foreign Policy: Theory and Practice*, ed. Thomas W. Robinson and David Shambaugh, New York: Oxford University Press, 1998.

60. Weiguo Liu, "Reform of China's Foreign Trade Policy", *The Department of the Parliamentary Library*, Research Paper, No. 19, 1996 - 96, 1995.

61. Werner Baer, "Industrialization in Latin America: Successes and Failures", *The Journal of Economic Education*, Vol. 15, No. 2, Spring, 1998.

62. Werner Baer & Donald V. Coes, "National Sovereignty and Consumer Sovereignty: Some Consequences of Brazil's Economic Opening", *The Quarterly Review of Economics and Finance*, Volume 42, Issue 5, 2002.

63. William G. Tyler, "Substitugho de Importaq6es e Expansao das Exportag6es Como Fontes de Crescimento Industrial no Brasil", *Estudos*

Econ6micos, Vol. 12, No. 3, 1982.

64. William Tyler & Angelo Costa Gurgel, "Brazilian Trade Policies: Some Observed and Estimated Effects of the 1990s Liberalization", *Estudos Economicos*, São Paulo, Vol. 39, No. 1, Janeiro-Marco, 2009.

五、网站和报纸

1. 巴西地理统计局，http://www.ibge.gov.br/home/。
2. 巴西发展、工业和外贸部，www.mdic.gov.br/。
3. 巴西贸促网，www.braziltradenet.gov.br/。
4. 巴西外交部，www.mre.gov.br/。
5. 巴西总统府，www.presidencia.gov.Br。
6. 拉丁美洲经济体系，www.sela.org/。
7. 拉丁美洲议会，www.parlatino.org.br/。
8. 拉美一体化协会，www.aladi.org/。
9. 联合国拉美经委会，www.cepal.org/。
10. 美洲对话组织，http://www.thedialogue.org/。
11. 美洲国家组织，www.oas.org/。
12. 美洲开发银行，www.iadb.org/。
13. 美洲自由贸易区，www.ftaa-alca.org/。
14. 南方国家首脑会议，www.cumbresur.cu。
15. 南方共同市场，www.mercosur.org.uy/。
16. 世界贸易组织，http://www.wto.org/。
17. 中华人民共和国国家统计局，http://www.stats.gov.cn/。

18. 中华人民共和国国务院新闻办公室，http：//www. scio. gov. cn/zfbps/。

19. 中华人民共和国驻巴西联邦共和国大使馆，http：//br. china-embassy. org/chn/。

20. 中华人民共和国驻巴西联邦共和国大使馆经济商务参赞处，http：//br. mofcom. gov. cn/。

21.《人民日报》。

中巴关系大事记

1949 年

新中国成立后，中巴两国就有民间贸易来往。

1952 年

1952 年 5 月，国际经济会议巴西等国代表到中国参观。

1955 年

1955 年 6 月，中国国际贸易促进会代表团访问巴西。

1955 年 8 月 24 日，巴西八十名国会议员要求同中苏建立外交和贸易关系。

1956 年

1956 年 6 月 14 日，五位巴西众议院议员访问中国。

1956 年 9 月 8 日，中国艺术团访问巴西。

1956 年 11 月 28 日，巴西参议员一行十人访问中国。

1956 年 11 月 4 日，巴西雕塑家马丁斯夫人等三人访华。

1957 年

1957 年 4 月 26 日，巴西议员卡斯特罗夫妇访问中国。

1957年7月7日，巴西两位参议员访问中国。

1957年10月16日，巴西医学代表团访问中国。

1958年

1958年3月8日，巴西首都群众集会，要求恢复同中苏关系。

1958年8月7日，巴西广播电视艺术家代表团访问中国。

1958年9月2日，毛主席接见巴西两记者，并与之谈话约两小时。

1958年10月20日，中国杂技团访问巴西。

1959年

1959年1月9日，巴西伯南布哥州长希德·桑巴约访问中国。

1959年，中国贸促会邀请并接待巴西贸促会、巴西工业联合会访华代表团。

1959年6月，中国新闻工作者代表团访问巴西。

1959年6月，巴西作家莫拉依斯访问中国。

1959年7月10日，巴西和平人士斯巴达科·韦佐托访问中国。

1959年9月，巴西文化代表团访问中国并参加国庆观礼。

1959年9月，巴西共产党代表团访问北京。

1960年

1960年3月12日，巴西著名钢琴家访问中国。

1960年4月，巴西工会代表团访华。

1960年5月，巴西广播电视工作者代表团仿华。

1960年8月，中国新闻工作者代表团访问巴西。

1960年9月，巴西建筑家代表团到京。

1960年9月，巴西医学代表团访华。

1960年10月，巴西议会代表团访华。

1960年10月，巴西"桑巴"乐团访华。

1960年11月，巴西新闻工作者代表团访华。

1960年11月，巴西法律工作者代表团访华。

1960年12月，巴西众议员、果亚斯州州长摩洛·博热斯·蒂希拉及夫人访华。

1961年

1961年3月，巴西医生佩尼多夫妇访华。

1961年4月，巴西经济代表团访华。

1961年4月，巴西联邦最高法院院长梅洛访华。

1961年5月，中国贸易代表团访问巴西，受到巴西副总统若奥·古拉特、总统夸德罗斯接见。

1961年5月，巴西两位众议员访华。

1961年8月13—24日，巴西副总统古拉特率领贸易代表团访问中国，签订中国人民银行和巴西银行之间的支付和贸易协定。

1961年10月，巴西成立巴中文化协会。

1961年10月，巴西学生代表团访华。

1961年11月，巴西"维多利亚"出版社出版《毛泽东选集（第一卷）（1921—1936年）》葡萄牙文版。

1962年

1962年1月，巴西工会代表团访华。

1962年3月，中国新闻工作者代表团访巴。

1962年5月，巴西工程师代表团访华。

1962年7月，巴西发行《毛泽东选集（第一卷）》葡文本。

1962年9月，巴西圣保罗大学文学教授兼作家亚米尔·阿尔曼苏尔访华。

1962年11月，巴西（里约热内卢）巴中文化协会秘书拉格尔·戈索伊夫人及丈夫、著名社会活动家阿马里利奥·德·奥利维拉·巴斯孔塞略斯访问中国。

1962年11月，中华人民共和国经济贸易访问团访问巴西。

1963年

1963年3月，巴西中国文化协会举办中国经济成就报告会。

1963年4月，巴西的共产党代表团访华。

1963年4月，中国工会代表团访问巴西。

1963年4月，巴西里约热内卢巴中文协副主席恩利盖·奥埃斯特将军及夫人、教育家保拉·莫阿西尔访华。

1963年5月，巴西全国产业工人联合会代表团访华。

1963年7月，中国学生代表团访问巴西。

1963年7月，七位巴西女宾访华。

1963年7月，巴西里约热内卢《最后一点钟报》记者伊伏内·海恩夫人访华。

1963年8月，巴西圣保罗州戏剧演员工会主席本亚明·卡丹、巴西大学美术系艺术史教授马利奥·巴拉达访华。

1963年8月，巴西朝鲜文化协会代表团访华。

1963年11月，巴西社会进步党副主席、众议员、前阿拉果阿斯州长穆尼斯·法贡及夫人访华。

1963年11月，巴西著名社会活动家冈萨加·莱特将军和巴西退役空军少将费利贝·方西嘉及两位夫人访华。

1964 年

1964 年 3 月，巴西中国文化协会举办"中国艺术展览会"。

1964 年 4 月 3 日，巴西当局逮捕居留巴西的九名中国贸易工作人员和记者。

1972 年

中巴恢复了直接贸易。

1974 年

1974 年 8 月 15 日，中巴发表建立外交关系的联合公报。

1974 年，双边贸易额达 1742 万美元，巴西是中国在拉美地区最大的贸易伙伴。

1978 年

1978 年 1 月 7 日，两国政府签署《中华人民共和国和巴西联邦共和国贸易协定》。

1979 年

1979 年 5 月 22 日，中巴两国签署《中华人民共和国政府和巴西联邦共和国政府海运协定》。

当年，双边贸易额达 2.16 亿美元。

1981 年

中巴双边贸易额接近 4 亿美元。

1982 年

1982 年 3 月，巴西外长格雷罗访问中国，同中国政府签订了科学技术合作协定，确定了今后双边关系发展的内容和方向。

1984 年

中国在马瑙斯建立第一家独资公司。

1984年5月27日,巴西总统菲格雷多访问中国,巴西总统首次访华,两国政府签署五项科学技术合作和贸易等方面的文件。

1984年5月29日,巴西工业展览会在京开幕。

1984年,中国同巴西双边贸易额达8.4亿美元。

1985年

两国外交部建立定期磋商制度。

1985年12月,巴西众议长乌利塞斯访问中国。

1988年

1988年7月,巴西总统萨尔内访问中国。

1989年

1989年1月,巴西国会主席兼参议长卢塞纳访问中国。

1990年

1990年5月,杨尚昆主席访问巴西。

1991年

1991年8月,中国和巴西政府签订了《中华人民共和国政府和巴西联邦共和国政府关于对所得避免双重征税和防止偷漏税的协定》。

1992年

1992年6月,李鹏总理访问巴西。

1993年

1993年3月,钱其琛国务委员兼外长访问巴西。

1993年5月,朱镕基副总理访问巴西。

1993年,两国建立战略伙伴关系,巴西成为第一个与中国建立战略伙伴关系的发展中国家。

1993 年 11 月，江泽民主席访问巴西。

1994 年

1994 年 4 月，中国与巴西政府签署《关于鼓励和相互保护投资协定》。

1994 年 4 月，中央政治局常委、书记处书记胡锦涛访问巴西。

1994 年 11 月，全国人大委员长乔石访问巴西。

1995 年

1995 年 6 月，全国政协主席李瑞环访问巴西。

1995 年 12 月，巴西总统卡多佐对中国进行国事访问。

1995 年，江泽民主席访问巴西。

1996 年

1996 年 11 月，李鹏总理访问巴西。

1997 年

1997 年 5 月，国务院副总理李岚清访问巴西。

1998 年

1998 年 11 月，巴西外交部长兰普雷亚访问中国。

1999 年

1999 年 12 月，巴西副总统马西埃尔访问中国。

2000 年

2000 年 9 月，外交部长唐家璇访问巴西。

中巴双边贸易额增至 28.45 亿美元。

2001 年

中国首次超过日本，成为巴西在亚洲的最大贸易伙伴。

2001年4月,江泽民主席访问巴西。

2002年

2002年8月,巴西联邦最高法院院长马尔科·奥雷利奥访问中国。

2003年

中巴双边贸易额达80亿美元。

2004年

2004年5月,巴西总统卢拉访华,随团访华的巴西企业家有400多名,是巴西总统出访历史上人数最多的一次,两国签订了多项合作协议。中巴联合发布《中华人民共和国政府和巴西联邦共和国政府关于建立中巴高层协调与合作委员会的谅解备忘录》。

2004年11月,胡锦涛主席访问巴西,中巴签署《中华人民共和国和巴西联邦共和国关于贸易投资领域合作谅解备忘录》,承认中国的市场经济地位,决定建立中巴高级别合作与协调委员会。

2004年,巴西是中国在拉美最大的贸易伙伴,中国则是巴西的第四大贸易伙伴。

2006年

2006年,召开中巴高层协调与合作委员会(中巴高委会)第一次会议。

2007年

2007年4月9日,中巴双方决定建立战略对话机制。

2007年11月29日,中国巴西首次战略对话在北京举行。

中国为巴西第二大进口来源国和第三大出口目标市场。

2008 年

2008 年，两国元首举行三次会晤。

2008 年 7 月 3 日，巴西发展、工业和外贸部，巴外交部，农业部，中巴企业家委员会以及全国工业联合会共同发布《中国议程：积极发展中巴经贸关系》文件。

2008 年 11 月 5 日，中国政府发表《中国对拉丁美洲和加勒比政策文件》。

2009 年

2009 年 5 月 19 日，卢拉总统访华，两国签署《中华人民共和国和巴西联邦共和国关于进一步加强中巴战略伙伴关系的联合公报》和《中华人民共和国政府与巴西联邦共和国政府 2010 年至 2014 年共同行动计划》。

2009 年 3 月，中国超过美国成为巴西商品最大出口目的地国、第二大进口来源国。

2009 年 4 月，中国成为巴西最大贸易伙伴，贸易额达 361 亿美元。

2009 年，中国对巴西投资达 11627 万美元，在中国对外投资中位于第 27 位。

2010 年

2010 年 4 月 22 日，中国—巴西高层协调与合作委员会制定《中华人民共和国政府与巴西联邦共和国政府 2010 年至 2014 年共同行动计划》。

2010 年，巴西跃居中国第九大贸易伙伴，中国超过美国，成为巴西最大的投资来源国。

2011 年

2011 年 4 月 12 日，巴西总统罗塞夫访问中国。

2012 年

2012 年 1 月 23 日，外交部主管拉美地区事务副部长李金章出任中国驻巴西大使。

2012 年 2 月 10—14 日，国务院副总理王岐山访问巴西，并主持中国—巴西高层协调与合作委员会第二次会议。